一生一定要陪 騎的親子單車踏

U0093946

Youbike
慢慢玩
（親子篇）

眉／金城妹子—著

記得小時候父母教我們騎腳踏車的時光嗎？當我們長大後，變成父母，再教自己的孩子騎車，一代傳著一代，不知不覺的，騎腳踏車似乎漸漸變成一種有著親子相處時光的傳承意義。

撰寫本書的時候，剛開始我的焦點一直放在如何帶著讀者騎著腳踏車，玩遍、吃遍台北各大有名景點。在搜集資料的時候我發現，這個城市有趣的地方，不在於它能去哪裡吃喝玩樂，而是在我們生活周遭、各種息息相關的人、事、物，它們為什麼會成為今天如此樣貌的原因，也因為這樣，我重新認識了這個從小到大生長的城市！

你知道台北最開始發展的三個區域在哪嗎？

為什麼總統府前的道路要改名為凱達格蘭大道？

你知道我們可能都是原住民的後代嗎？

一座小小、純樸的北投公園，居然和「國際」扯上關係？

充滿文創氣息的華山1914特區，其實已經被換過好幾次名字？

台灣舞蹈大師除了林懷民，還有一位堅強美麗的玫瑰，就盛開在中山區的巷弄間？

士林除了夜市美食，還有比瑞士刀發明的更早、得金牌的士林刀？

在撰寫這本書之前，這些問題的答案我一個都不曉得！

經過一步步的探訪、踏查之後，我想分享給讀者的內容，已經不是只有吃喝玩樂（當然，知道哪裡有美食還是很重要！），更多了許多台北有趣的歷史、傳說、故事，當中有很多景點都很適合親子同樂，不但小朋友可以獲得知識的成長，就連大人們都會驚訝，原來我們擁有這麼多豐富的資源啊！

帶著這本書，騎上單車，一家大小快樂的出遊吧！

在書中還設計了蓋章頁、藏寶圖，把它當作一場認識台北的闖關遊戲，一個一個搜集起來，搜集愈多可以得到愈多的點數，對照達人榜，看看自己是不是超級達人喔！

最後，感謝媽咪、金城妹子，所有景點熱心講解的導覽員、老闆、老師，讓我們對自己的家鄉有多的認識！更謝謝張先生，以及所有出版社的工作同仁，謝謝你們為本書的付出！謝謝你們！

Contents

Contents

 出發！台北bike！bike！雙連站

出發！台北bike！bike！善導寺站 ⑰

如何使用You-bike & You-bike達人榜 ⑪

bikebike蓋章趣

Chapter 01

全世界
「微笑單車中」！

全世界「微笑單車中」！

走在台北市街上，你的目光是否常被一抹陽光、活潑的橘黃色身影所吸引？沒錯，那正是台北市可愛的新朋友—微笑單車「You-bike」！

• 快樂You-bike!

當你跨上單車的那一刻起，你會變回那個小時候的自己，你知道，只要你的雙腳不停的踩下去，你就會一直前進，沒有污染，不用金錢，只是單純的一左一右，奮力向前。你會感受到微風吹過你的臉龐，你的身體會漸漸發熱，於是你聽到自己微微的呼吸聲，你知道自己慢慢變得健康。當你到達目的地，看到別人把你還的車借走，你會感覺自己是平衡單車借還系統中，重要的一員。

你梳梳頭髮，又回到那個原本的自己，但又不那麼完全，你的氣色比幾分鐘前還紅潤，你的精神比上車前抖擻，於是，你的微笑就點亮了這個城市！

・哪裡有微笑單車？

你知道嗎？除了台北市之外，全世界各大先進的首都、城市，幾乎都擁有城市專屬的單車，數量之多，簡直令人驚訝！「城市單車」的概念，在先進的歐洲國家已行之有年，

所以歐洲城市擁有單車的密集度，也是世界之冠。近幾年，中國也開始在各大觀光城市設置便利的城市單車，相信不久的將來，無論到哪裡旅行遊玩，友善、環保的單車，將成為另一種旅行方式。

目前台北市的微笑單車設置點，從最北邊的捷運淡水線新北投站，南至大坪林站，橫貫東西方向的藍線則從西邊的萬華區，一路延伸至南港區，設置點數量已多達一百六十六個，且還在陸續增加中。

設置點大部分在捷運站及其周邊景點、公園等，結合交通與景點間的聯結性，也補足城市捷運與公車無法伸入的巷弄間，可說是城市交通脈線的微血管。值得一提的是，就連河濱公園等比較偏遠的休閒綠地也都有設置單車點喔！這對喜歡到河畔騎單車的人來說，真是太棒了！

• 未來的微笑單車

其實新北市也有單車設置，不過設置點相當少，只集中在新北市政府的所在地——板橋附近，所以一直顯為人知。好消息是未來台北市政府將與新北市政府合作，整合雙北市的微笑單車系統，到時不止是台北市，就連新北市各處也都可以看見微笑單的身影了！免去帶腳踏車上捷運的不便，台北真正實現了「走到哪、玩到哪、騎到哪」的綠色生活！

U-bike禮貌文化運動

既然騎單車是這麼棒的一件事，那麼遵守「單車禮貌文化」，讓生活在這個城市的每個人，無論有沒有騎單車，都能享受優質生活，把單車帶給我們的微笑，也帶給城市中的其它人吧！

・客滿時，借車、還車要排隊

遇到上下班的尖峰時間時，有的設置點會面臨「無車可借」或是「無空位可還」的狀況，

除了改往其它設置點尋求借還車之外，想在原地等待借還車的人，為了避免發生借還車的順序糾紛，在設置點附近的地上繪有「等待點」的符號，做為現場等待排隊的起始點，如此一來，便能讓先到的人先使用！

地上的腳丫子為排隊等待的起始點。

・勿騎騎樓

因為騎樓空間狹小，實在不適合讓行人和單車共行。

・行駛人行道時減速慢行

雖然人行道比騎樓寬闊、路面平整，但行人眾多，且可能有小孩、老人，所以即使人行道可供單車騎乘，不過還是需要減速慢行，並優先禮讓行人。

・行駛單車專用道

在台北市單車量較多的地域，如公園和馬路，多有繪製「單車專用道」的符號，讓行人與單車分道並行，以確保雙方安全，如果看到有此符號的話，要盡量騎乘在專屬道上。

・保持良好車況給下個人使用

良好的車況除了不蓄意破壞單車、騎乘時適當使用之外，臨走前別忘了帶走放在單車籃裡的物品與垃圾，留給下一個使用者，一台乾淨的微笑單車！

・全民來把關

如有發現單車故障，可以把座椅反放，一方面讓定期巡邏維修的單位容易識別，一方面也可以讓別的使用者不誤踩地雷，借到故障的單車，只要一個小小的舉手之勞，就可以帶給大家更多的方便喔！

bikebike蓋章趣

找找看，這裡有什麼章可以蓋

Chapter 02

出發！台北bike！bike！
新北投站

新北投

去公園走走，要公主向右走，也北投，向左走。我北投「向上…向下…」！

大業路

新北投 Ⓜ

凱達格蘭
文化館

北投溫泉
博物館

中山路

北投公園

北投
圖書館

天狗庵
遺址

16　　　凱達格蘭文化館　　北投公園　　北投圖書館

新北投 —Ⓜ— 捷運站點

u-bike站點

地熱谷 ●

北投公民
會館 ●

防空壕
迷宮 ●

中山路

千禧湯 ● ● 梅庭

瀧乃湯 ●

普濟寺 ●

新北投
傳說中女巫的
故鄉

溫泉博物館　　　梅庭

▶▶▶ 新北投站

遊玩路線：捷運新北投站>> 凱達格蘭文化館>> 北投公園>> 北投圖書館>> 天狗庵遺址>> 瀧乃湯>> 地熱谷與防空壕迷宮>>梅庭>>北投溫泉博物館>>千禧湯

起點站：新北投站

　　300多年前的北投，是一片荒草不生、煙霧瀰漫、泉水滾燙的奇異之地，當時因為在泉水旁的標示不清、未設置立牌警告，所以常常有人失足跌入滾沸的熱水中，活活燙死。

　　神秘的煙霧遼繞，刺鼻的怪味道終年不散，還時不時的有意外發生，這裡簡直就像阿修羅的地獄。於是，居住在此的原住民——平埔族，便稱這裡為Patauw，音似「八頭」，意為「女巫的住所」，意為這裡住了女巫，所以才有如此怪異的現象……

　　而當年的地獄谷，最先是德裔硫磺商人奧里發現此地有溫泉，開始計劃開發溫泉俱樂部，接著在日本人佔據台灣

18

之後，新北投一帶先被當作戰後傷兵療養之地，後來日本人開始積極建設，因此才有大阪商人平田源吾來此興建第一家溫泉旅館——天狗庵。

前往新北投的捷運車廂內已經預告了這趟旅程的重點——溫泉。

後來日本當局興建鐵路，連接大稻埕到北投一線交通，再建支線連接到新北投，就連當時的日本皇太子也來此觀光，頓時之間，新北投搖身一變，成為最高級的渡假聖地。從此，北投便成為達官貴人、政商名流，渡假、休閒、放鬆的享樂天堂。

或許這裡真的有女巫居住在此吧！所以才能形成今日如此優美的氛圍、獨一無二的地理環境，以及充滿人文藝術的美麗山谷！

第一站：凱達格蘭文化館

從北投轉搭前往新北投的捷運車廂裡，有著全台北市獨一無二的特色車廂，車廂內還有檜木桶造型的互動設施，讓人未到新北投，便已開始感受到溫泉文化的氛圍。

一出捷運站，往中山路的凱達格蘭文化館走去，遠遠的便能看到五顏六色、充滿原住民味道的幾何圖騰設計外牆。

凱達格蘭文化館的原住民雕像。

達格蘭文化館。

這是臺灣第一座以原住民為主題的文化館,前身是被閒置的憲兵隊舊址,現在成為展示各族原住民傳統的文化、衣飾、圖紋、生活、祭儀用品等,文化傳承與教育後代的重要文化館。

　　在二樓、三樓除了有常設展之外,在一樓也有簡單的原住民創意商品的販售。

　　在漢民族大量移居台灣之前,其實原住民已在此生活了相當長久的一段時間,只是後來時代動盪,原住民在近三、四百年以來,與漢文化快速融合,穿漢服、講漢語,使得漢人與原住民愈來愈難以分辨,就連原有的文化、傳統生活方式,也幾乎消失怠盡。

　　成立此館,除了保存原住民珍貴的文化特色,也是讓民眾多了解原住民文化美麗的重要橋樑。

　　現在大部分所知的原住民族群，大多是以居住在「高山」的部落為主，但其實在漢人到達台灣開墾之前，平地上也有許多原住民喔！只不過後來漢人來了之後，在平地的原住民開始與漢人往來、通婚，於是許多文化傳統已被漢化或是消失，漸漸的，已分不太出來漢人與平地的原住民，後來經過現代考證，最後將居住在平地的原住民統稱為「平埔族」，平埔就是平地的意思，從北投、基隆、宜蘭，一直到台中、台南、高雄，都有平埔族！

　　平埔族裡面又分很多族、支系，但因年代久遠，資料有限，所以關於確切的種族支系數量與名稱，一直都存有爭議，不過也有幾支族系是很明確的，像是以台北盆地為主體，包含到淡水、基隆、桃園一帶的的原住民為「凱達格蘭族」，還有宜蘭的蘭陽平原所居住的叫「噶瑪蘭族」，只是這些族群已經被融合或漢化，現在幾乎已經絕跡。

　　不過這些名稱聽著是不是很熟悉呀？像是總統府前的道路改為「凱達格蘭大道」，往來台北與宜蘭的客運有一家就叫「噶瑪蘭客運」，這些名字不是亂取的，都是有來歷的喔！

　　這樣圓仔有了解了嗎？

北投也有原住民呀？我一直以為高山上才有原住民耶？

第二站：北投公園藏寶圖

細細的參觀完凱達格蘭文化館後，跳過馬路，我們來到了浪漫的北投公園。可別小看這個公園喔！裡面可是藏有七大寶藏！趕快看看你可以找到幾個？

第一寶：埃及石拱橋。進入公園後，第一個帶我們渡河的石橋，請站在橋旁多觀察它一下吧！

這座橋的技術，最遠可溯源至古埃及的石拱橋工法，先用木造模板在橋下支撐塑形，接著最下一層的石塊一塊塊從兩邊慢慢往中間延伸，最後來到拱橋的中心點，放入最後一塊梯形的石塊後，把木模板拆掉，石頭居然不會掉下來，還能呈現美麗的半圓弧狀。

北投公園特別設立的語音導覽牌

　　這樣的工法在古埃及時便已被運用在造橋技術上，後來藉由埃及、中國、日本等國不斷將技術傳播，到了日據時間，在日本人積極開發新北投時，便運用於建設之中。

　　有趣的是，這樣的造橋工法也被畫入古代的清明上河圖中，如果想親身體驗更多古時的建築工法與技巧，建議可以到台北故宮的兒童學藝中心，利用簡易模型，親手建造、了解更多建築原理喔！

　　第二寶：噴水小雁鴨。北投公園和其它公園最大不同的特色在於：擁有許多不同造型的噴泉。其中又以這隻會噴水的小雁鴨擁有最高人氣。不過現在的小雁鴨，已經不是當初的那隻小雁鴨。

投公園裡的
雁鴨噴泉高度可顯示水道壓力。

話說1913年6月17日北投公園落成之時，有隻可愛的小雁鴨就立於北投公園這小型噴水池的中央，小巧可愛的身影，是許多北投人小時候對家鄉的重要地標與回憶。不過世上識貨的雅賊不少，有一天，這隻小雁鴨居然被偷，從噴泉上消失了！

　　這水池裡的百年小雁鴨不止是許多老北投人的回憶，更重要的是，雁鴨噴水的高度，是得知水道裡水壓高低的觀察指標，靠著地形的高低差，這小鴨能不使用任何動力而終年噴水。

　　小鴨不見了，這可怎麼辦呢？後來經過國小的小學生，寫信到市長信箱，請市長協助尋回小雁鴨。雖然最後小雁鴨沒找回來，但市府復刻了一隻與原版小雁鴨雷同造型的雕像放回原位，這才使「小雁鴨失竊案」有了一個圓滿的結局。

　　第三寶：文藝詩步道。在通往北投圖書館的角落步道裡，請大家留意下腳下的石頭，石頭上刻的，都是與北投有關的詩詞，大家仔細看看，是不是也有發現幾個自己熟悉的作家呢？

　　第四寶：井村大吉桑。井村大吉桑是何人呢？他正是積極建設開發北投地區，並且打造北投公園和北投溫泉公共浴

裡的浪漫詩步道。

場（現在的北投溫泉博物館）的重要推手，原本紀念他的銅像是位於現在園內的國父銅像之地，後來日本戰敗，銅像不見，只留基座，後來便改為置放國父銅像，不知是否和國父曾來北投泡溫泉有關？

近年為了感念這位當初建設北投的大吉桑，所以有關單位便另立了一個石碑，上頭簡明的寫上他的事蹟，甚至還遠從日本邀請到大吉桑的後代子孫來參加剪綵、開像儀式喔！你找的到這個新石碑嗎？

北投公園裡國父像的位置原本是置放吉村大吉桑雕像的地方。

第五寶：愛情噴水池。公園內除了小雁鴨噴水池，還有一個噴水池也相當有名，因為國際巨星──金城武和梁詠琪主演的浪漫愛情電影，從幾米原著繪本改編的「向左走，向右走」，其中一幕兩人終於在圓形噴水池相遇的場景，正是在北投公園裡的這個大水池旁拍攝的喔！

第六寶：美麗螺旋貝殼。在井村大吉桑石碑的附近地上，請大家仔細找尋一個超大型的美麗貝殼！

什麼？在山上也有貝殼？沒錯，只不過，這個貝殼是人造的，而非天然的！而且這個貝殼很特殊喔，它不是凸起來，而是凹下去的。

這個凹下去的美麗貝殼不止美麗，它可是有特殊的功能，聰明的你猜到了嗎？

沒錯，這個美麗貝殼的功能就是──排水孔！

北投公園旁路上
還有小貝殼的水溝！

北投公園藏寶圖

☐ 石拱橋 +3點

☐ 井村大吉桑 +3點

☐ 小雁鴨 +1點

□ 詩步道 +1點

+1點 藏寶石 □

找到就打勾吧！

□ 愛情噴水池

+2點

□ 螺旋貝殼

+3點

找找看，你可以找到幾個寶藏？還有沒有其它的？

31

利用地勢的高低，讓水可依著貝殼造型流入地下水道，真是風雅的設計。現在的貝殼依然有排水功用，只不過有些淤積，排水功能已不復當年神速，真希望有關單位能夠盡行搶救疏通，讓這麼美麗又有巧思的設計能夠被保留，並且發揮它實際的功用。

第七寶：**知識寶藏石**。在北投圖書館外，隨處散落的寶藏石，是藝術家李岳庚的創作作品，以北投溪中石頭為造型，結合文字圖騰，代表石頭中蘊涵著寶藏，只要有心，人們隨時都能挖掘到珍貴的寶藏。

第三站：北投圖書館

是不是覺得北投公園簡直臥虎藏龍呢？小小一個公園居然有這麼寶藏，不過在北投公園裡，還藏有一顆最大的鑽石，那就是全台灣最受國際矚目的圖書館：北投圖書館！

北投圖書館的外表是木頭，但內在可是貨真價實的「鑽石」喔！

北投圖書館的外觀看起來都是木頭呀，哪裡有鑽石？

　　北投圖書館除了在內政部評選綠建築的九大指標：綠化量、水資源、日常節能、生物多樣性、室內健康與環境、污水與垃圾改善、廢棄物減量、基地保水、二氧化碳減量九項指標中，獲得了「**綠建築鑽石級**」的標章認可外，在2012年的4月，更在美國娛樂藝文新聞網站的「全球最美的25家公立圖書館」票選中入圍，成為真正的台灣之光！

　　一進入北投圖書館，木造的房屋，優美的設計與書香氛圍，讓人一點也沒有印象中市立圖書館的僵硬與蒼白，取而代之的，是如咖啡館般的慢活與舒適感。

　　除了有公家單位與國際的認可之外，最棒的是，人們可以用自己的五感親自體驗何謂綠建築，以及綠建築的美好，所謂的建築，不就是「人居住與生活的空間」嗎？

　　如果能夠親自感受鋼筋水泥和綠建築的差異，一定可以讓環保、綠建築等觀念，更加深植於日常生活與習慣之中，這樣我們的下一代，是不是就會有更多注重環保與永續的建築師誕生呢？除了感受圖書館中的氛圍之外，圖書館外的幾個地方大家也別錯過嘍！

　　圖書館的陽光：經過計算太陽的運行軌道與角度，在圖書館的北邊屋頂上，裝設太陽能光電板，這不僅僅為圖書館

北投圖書館是全世界最美的25家公共圖書館之一

35

在夏季，省下近兩成的電費，更在冬天，提供館內近三成的用電量。

圖書館的空氣：在圖書館外，請大家注意自己的腳下，南面的人行步道舖設的是透水性極高的地磚，東面與北面的戶外陽台則舖護木棧道。這樣的選擇，除了讓土表的透水性更佳，也營造出小生物更易棲息的多樣生物環境，可以說是一棟「能讓土地呼吸的圖書館。」

圖書館的水：圖書館是個公共場合，每天人來人往，想要維護館內的清潔，需要耗費大量的水資源，對北投圖書館來說，最棒的水源並非自來水，而是——雨水回收系統。

利用斜屋頂的設計，讓雨水自然流入回收系統內，經過簡單的過濾，儲存於建築物下方的儲藏池，最多可存放340噸的雨水。可別小看這搜集雨水的小動作，它可是能為圖書館省下近四成的用水量呢！

第四站：天狗庵遺址

新北投在日據時代，第一間建立的溫泉旅館——天狗庵，那時過夜一晚的費用是三塊五毛錢，接著建立的第二間溫泉旅館——松濤園，走更精緻的路線，過夜一晚要六塊

天狗庵舊址只剩一道充滿日本風味的石階梯。

錢，雖然看起來便宜，不過換算成現在的匯率和幣值，不知真實的價格為何？

於是，漸漸的，在這種「溫泉旅館」氣氛使然之下，一時之間，北投溫泉旅館林立，全盛時期時，這裡可是有多達百家的溫泉旅館！

旅館文化也形成了「泡湯、旅館、酒家菜」的娛樂圈，隨之而來的還有的藝妓、粉味文化。於是，這裡成了男人們放鬆休閒的尋樂天堂，直到近年廢除公娼之後，脂粉味才漸漸淡出新北投。

天狗庵如今已不復存在，在今日新北投最高級的日式溫泉旅館──加賀屋的前方，有一道被青苔、綠色植物圍繞、相當美麗的石梯，上頭還有日式象徵「大門」的兩根石柱，這裡便是當年天狗庵的入口處！

踏上階梯的那一剎那，物換星移，彷彿置身於日本古老神社的階梯前，真讓人有種時空錯置之感。走上階梯，在石柱的後方，有一顆巨大的樟樹，只是如今只能被隱藏在高樓身後，或許哪天當我們也變成一棵老樹，佇立百年、千年，看盡人世流轉，才能真正一窺歷史的面貌。

　　所謂的酒家菜可不是隨便一般路邊的簡陋酒家吃的到的喔！相反的，那是以前專為政商名流所設計出的豪華菜單，用料實在、講究精緻、重視排場，所以也被稱作「官菜」！是達官貴人們應酬交際時不可或缺的飲食，為了配合飲酒，所以菜式口味偏重，才好下酒。

　　新北投的酒家菜同時融合了日式、台菜、粵菜、川菜等精髓，透過師傅們的創意與巧思，轉而進化改良的另一種菜系風格！

　　不過現在想吃到那時的酒家菜已經不容易了，一方面是時代久遠，有些菜餚早已失傳，有的則是現代人注重養生觀念，口味已有改變。不過酒家本來就是一種「融會貫通」、「求新求變」的派別，在新時代有新的酒家菜，說不定就是它的獨特風格喔！

酒家菜只能去酒家吃嗎？可是人家年紀小，不能進去酒家耶！

第五站：瀧乃湯溫泉

「瀧」在日語中，有著小瀑布的意思，延著北投溪往上，延路便能看到「北投溪五瀧」，第一和第二瀧，高度夠、水夠深、腹地夠大，因此早年成為天然spa的好地點。

不過在民國初期，有不肖業者將高污染的污水排放至北投溪中，因此造成溪水嚴重污染，且「瀧」的高度變低，因此現在的北投溪已不適合民眾下水浸泡。

再往上走的第三到第五瀧，則是孕育北投石的最佳場地，不過近幾年遭到嚴重破壞，北投石的生長又極需環境養成，因此有關北投石的培養，更是難上加難。

往上走的路邊，除了左手邊的北投溪外，不妨注意一下右手邊出現的瀧乃湯。從最早可考的文獻登錄顯示，推斷至少已有八十幾年歷史。一直以來，瀧乃湯便以平價著稱，泡湯費用從三分錢到今天只要90元便能享受溫泉，堪稱是最親切的平民價格。

在瀧乃湯屋旁的庭園豎立著一塊石碑，上頭寫著「皇太子殿下御渡涉記念」。那是當年日本的皇太子裕仁來北投視察與觀光的重要紀念，當地人員擔心行走的安全，因此在地

上舖上幾塊平石，讓皇太子裕仁踏石涉水而過，事後特立此
碑紀念。

久遠的瀧乃湯。

第六站：地熱谷與防空壕迷宮

　　延著北投溪一路往上，延著指標走，來到了地熱谷，便馬上明白，平埔族人為何稱此地為「女巫的住所」。

　　不斷冒出的熱氣、硫磺味、煙霧繚繞，一種有別於山風清涼之感，要不是湖水碧綠，美的有如一塊質樸的碧玉，恐怕還真令人懷疑是否真的身處地獄。

地熱谷通道。

地熱谷裡綠色的湖水飄著水霧，
像不像被女巫施法的湖泊？

出了地熱谷後延著山路走，路邊有一處寫著「防空壕迷宮」的木牌子。這裡以前是附近居民的防空壕，每當有空襲警報時，居民便會趕緊到這裡避難。

防空壕迷宮。

　　有趣的是，當年為了抒散來此泡湯旅客而興建的防空
壕，隨著時代推進已漸漸失去它原有的功能，現在被改為讓
兒童玩耍的「防空壕迷宮」。

　　這些壕溝最寬能到達1公尺，深達1.5公尺，部分保留完
整，部分則已崩毀，現在裡面充滿植物與大大小小的步道，
原本的肅殺之氣已不復見，取而代之的是兒童的歡笑聲。

第七站：梅庭

　　過了北投溪往下走，會看到一棟典雅的和洋合璧的木造
建築，門口題著充滿藝術的毛筆字——「梅庭」。這裡是被
尊稱為「草聖」的于右任書法家的故居。

　　梅庭是一棟建在北投溪旁，兩層樓高的建築，在二樓屋
內的空間配置，採日式隔間與設計，大型落地窗能將北投溪
與戶外景緻一覽無遺，而在戶外的庭園及一樓建造，又以洋
式建材與設計佈局為主，並且設有防空避難室，與位於馬路
對面，現改為「防空壕迷宮」互相呼應，也見證了戰爭年代
的不安與危險。

于右任先生的世外桃園。

45

于右任先生是個備受景仰的人物，他的稱號多不勝數。他不僅參加過推翻滿清的「同盟會」，還創辦各種民報，被譽為「現代新聞記者之父」；他曾擔任靖國總司令，協助北伐統一全國，堪稱為「軍事家」；他也曾創辦復旦公學、中國公學、上海大學、西北農業大學，堪稱為「教育家」；他還曾擔任民國首任交通次長、委員、審計院長、首任監察院長，建立監察制度，堪稱為「監察之父」。

　　不過在我心中，這些都比不上他做為一位詩人，曾榮獲國際桂冠殊榮；做為一位書法家，他在上海創立「標準草書社」，創立草書標準，因此稱為「草聖」，那是能直追古人的文字改革；做為一位藝術家，他將自己收藏多年、價值不斐的書法石碑，贈於西安碑林博物館；他的墨寶是無價之寶，卻從來分文不取。

　　以他在政界、文藝界的威望，家財萬貫不足為奇，但他過世後周遭的人才知道，他不但沒有任何土地、房子遺留給子孫，甚至還有一點債務，一生清廉、兩袖清風！

　　在他位居官位的時候，梅庭成了他避暑、避壽、避關說的最佳防護之地，可以想見他緊閉大門，獨在書房之中，沉浸於書法世界的快樂。于右任先生最後以八十六歲高齡病逝於台北，安葬於陽明山國家公園內，一如他兩袖清風的高尚情操，他的墓園和他一生的功業相比，顯得簡單低調，也因此未受到妥善保護。直到前幾年才由愛好書法的同好出面號召，致力於恢復、保存這位具有劃時代意義的政治家、教育家及書法家的安眠之處。

bikebike蓋章趣

梅庭有很多可愛又小巧的紀念章，
你發現了嗎？

第八站：台北也有羅馬浴場──北投溫泉博物館

在梅庭旁邊的，就是北投公園的露天浴池──千禧湯，不過先別急著入內，因為再往前幾步的北投溫泉博物館，絕對讓你驚呼連連。

和北投公園同年出生，建於1913年的北投溫泉博物館，前身其實是做為北投的公共溫泉浴場，這棟兩層樓的日洋合璧建築，一樓是仿英式的紅磚建築，二樓則是仿日的木造建築，和梅庭的設計原理相同。

不過它的命運乖桀，曾一度荒廢淪為廢墟。在1994年一群北投國小師生的發掘與請命之下，才漸漸受到重視，經過各方人士的努力之下，最後被定為三級古蹟。

北投溫泉博物館──
美麗的彩色玻璃窗增添許多歐式風情。

　　台北市政府斥資整修，在1998年才重新對外開放，成
了今日我們所看到的風貌。

　　北投溫泉博物館的歷史意義重大，不僅在於重現當年的
北投溫泉文化，據傳，就連國父孫中山都曾來此泡湯歇息
呢！不過那又是另一段傳奇的小故事，之後我們在別條bike
路線時，再來細說。

以前的人泡完溫泉在此納涼、休息、對奕。

如果你看過近年的日本電影，由日本演員阿部寬主演的「羅馬浴場」，那麼你會在這裡感到一股熟悉感。

在一樓的大浴池空間中，有著一連串的羅馬式拱柱所支撐起的半圓型拱門、歐洲教堂般美麗的彩繪鑲嵌玻璃，還有中央超大尺寸的大浴池，寬6公尺，深度40～130公分，在在都營造出有如古羅馬般的壯麗浴場氣勢。

北投溫泉博物館——羅馬式的半圓拱柱很有羅馬浴堂的味道。

泡完湯，更完衣，延著樓梯來到二樓，見到的是舖著柔軟舒適的榻榻米大廳。在這裡，泡完湯後可以在此下棋、品茗、休息、納涼，或是在寬敞的迴廊下，遠眺山光水色，直到盡興再緩步回家。

;投溫泉博物館裡公眾的大浴池。

在溫泉博物館裡，不止可以親身見到浴場的文化，在一、二樓的展廳中，還能了解到新北投從古至今的發展歷史，了解何謂北投石，以及北投石的珍貴之處。

這裡還有一個小電影院，裡面播放當年所有在北投拍攝的電影片段，影片之多，讓人覺得新北投真不愧是號稱為「台灣的好萊塢」。

不過如今的北投溫泉博物館也不遑多讓，延續戲劇的生命，在戶外的露天劇場也常有不定時節目的演出。

2013年6月17恰好為北投公園的100週年紀念，而每年的9-11月間，北投都會舉辦盛大的台北溫泉季，一連串的表演活動相繼輪番上陣，為北投的百年風華，增添一股活力，喜歡熱鬧的人，在入秋時節，不妨來此泡泡湯、熱鬧一番。

bikebike蓋章趣

你還發現了哪些可愛又有趣的章呢？蓋在這邊吧！

北投溫泉博物館──美麗的溫泉博物館戶外表演舞台，
假日常有節目在此演出！

北投溫泉博物館——美麗的溫泉博物館下方為西式的紅磚造，上方是日式的木造

第九站：千禧湯泡湯去！

　　講了這麼多溫泉鄉的故事，你是不是也想泡泡湯？如今的新北投溫泉旅館林立，不乏泡湯的好去處，不過如果你想泡的經濟又實惠，除了前面提到過的瀧乃湯之外，在梅庭旁的北投露天浴池──千禧湯，也是不錯的選擇喔。

千禧湯──新北投公認最便經濟又實惠的公眾溫泉地。

　　千禧湯原名不叫千禧湯，是經過了一番整修之後，在2000年千禧年時重新開放，因此取為千禧湯。此湯為露天的公共浴池，凡泡湯者，皆需著泳衣下湯，這裡最特別的是，浴池共分有六池，愈往下的池水溫度愈低，因此遊客可以自由的選擇自己最喜愛的溫度泡湯，又因為露天，所以空氣新鮮、景色怡人。

　　這邊泡湯以一場次2～2.5小時為限，雖然有時間限制，但時間相當充足，而且票價只需40元，因此成為當地人最喜愛光顧的泡湯處。想像一下，自己是達官貴人，或是日本皇族，悠閒的來此泡湯休閒，做為此行一個完美的ending！

溫泉小知識

青磺泉	在北投的地熱谷與露天溫泉浴池的溫泉，皆屬於硫磺溫泉中的青磺泉，屬於酸性的硫酸鹽氯化物泉，酸度在1.2~1.4之間，而且裡面含有微量的放射元素「鐳」，所以對於治療肩頸酸痛，或是關節炎、風溼、降低膽固醇、血糖等，有不錯的療效，可見在電影「羅馬浴場」裡提到，溫泉能夠加速療癒受傷士兵的情節，可不是沒有根據的喔！
泡湯禮儀	◎ 入浴前應先洗淨身體。 ◎ 穿上各場所規定的服裝。 ◎ 勿將池內當游泳池嬉戲、游泳，及放入充氣配備、浮板。 ◎ 患有傳染病、皮膚病等患者，請發揮公德心，不宜入浴。 ◎ 女性生理期間不宜入浴。 ◎ 酒後、空腹、飽食之狀況，都不宜入浴。
泡湯注意	◎ 患有心血管疾病、長者、健康欠佳者，不宜單獨入浴。 ◎ 浸泡溫泉除了選擇自己能夠適應的溫度外，應盡量選擇通風良好場所，且每泡15分鐘，離池稍作休息再繼續浸泡。 ◎ 在入池、離池及場內走動時，動作宜緩慢出入，不宜奔跑，浸泡時高度不宜超過心臟。

- 新北投邀請知名的作家、畫家——雷驤，和金曲將最佳專輯製作人——雷光夏，擔任手機導覽大使，在新北投各個觀光點，只要有看到橘色的解說牌，直接使用手機撥打，就可以聽到兩位名人的語音導覽喔！

- 在梅庭和溫泉博物館內，因保護古蹟和木造建築，所以都需脫鞋，入內參觀時，最好都能著襪！

bikebike資訊站

站名	開放時間	地址
凱達格蘭文化館	週二至週日09：00～17：00 週一及國家假日休館（六、日照常開館）	台北市北投區中山路3-1號
北投圖書館	週二至週六08：30～21：00 週日及週一09：00～17：00 每月第一個星期四、國定假日休館	台北市北投區光明路251號
瀧乃湯	06：30～21：00 大眾池，分男湯、女湯 全票90元，孩童50元(120cm下)	台北市北投區

地熱谷	週二至週日09:00～17:00 週一不開放	台北市北投區中山路與溫泉路 之間窪地
梅庭	週二至週日09：00～17：00 週一及國家假日休館	台北市北投區中山路6號
北投溫泉博物館	週二至週日09：00～17：00 週一及國家假日休館 （六、日照常開館）	台北市北投區中山路2號
北投露天浴池 千禧湯	泡湯場次： 05：30～07：30 08：00～10：00（公益時段，65歲以上長者可免費使用） 10：30～13：00 13：30～16：00 16：30～19：00 19：30～22：00 每場次間有清場，下一場次再入場者需重新購票。全票40元，優待票20元（軍、警、學生、兒童、榮民及65歲以上老人持證件購買優待票）	台北市北投區中山路6號

bikebike蓋章趣

找找看，這裡有什麼章可以蓋

Chapter 03

出發！台北bike！bike！
劍潭站

劍潭站

士林站
2號出口

士林國小

福德路

大東路

小北街

公民會館

大西路

郭合記

小西街

慈誠宮

廟口小吃

福德宮

大北路

大南路

陽明
戲院

大東路

劍潭站
2號出口

Ubike

64

劍潭站　　　　士林官邸　　　　福德宮

▶▶▶ 劍潭站

遊玩路線：捷運劍潭站>> 士林官邸花園>> 士林福德宮>>士林西裝街>> 郭合記士林刀>>士林公民會館>>士林慈誠宮>>士林夜市

起點站：劍潭站2號出口

以前的士林名為「八芝蘭」，一直到日據時代，日本人才將之改名為「士林」，便一直延用到現在。

士林一直擁有濃厚的讀書風氣，在士林站旁的士林國小，不但是全臺第一座小學，當時的士林更因為人才輩出，因此有了「士多如林」──之說。

士林因位在陽明山腳下，所以環境、風水受到許多官方人士喜愛，不但有先總統蔣公的總統府──士林官邸，士林夜市更是許多台灣人、觀光客最常造訪的夜市之一。

第一站：士林官邸花園

　　士林官邸在民國38年，國民政府撤退來台時，因為地理位置極佳，交通便利，因此被選定為先總統蔣公的住處，成為官邸，一直到民國六十四年去世為止，蔣公與其妻子住在這裡約26年。

　　民國85年對外開放後，民眾才得以一窺官邸的生活情況。在園內，包含了蔣宋美齡的座車、玫瑰花園、樸實莊嚴的小教堂。

士林官邸蔣宋美齡的座車。

士林官邸花園。
官邸花園不定期會更換園中的造型，使遊客每每到訪都有驚喜！

特別值得一提的是小教堂——凱歌堂。

凱歌堂雖小，但就連美國總統艾森豪、尼克森，都曾是它的座上客。而蔣家第三代也都是在此受洗，仔細看第一排有四張特別的紅椅子，那是蔣公夫婦以及貴賓專用的VIP座位。

現在官邸除了成為民眾休閒好去處，每年菊花、玫瑰花、蘭花盛開的季節，也都會舉辦各式各樣的花卉展！

士林官邸凱歌堂。

　　除了外面免費參觀的庭園之外，在內庭的官邸正館，也在近年開放給民眾購票入內參觀，除了可以借免費的語言導覽，民眾也可以參加每小時固定場次的專人導覽，正館內也會不定期的舉辦有關蔣公與夫人的各種主題展。想一窺當年的「官邸」神秘面貌的人，可別錯過了喔！

第二站：士林福德宮

　　延著福德街31巷騎到底，在大馬路邊會看到一間「鑲金又包銀」的廟宇，這可是士林的地方老大——土地公廟「福德宮」。

　　台灣的廟宇方位上，有所謂的「左青龍、右白虎」的方位文化，左邊因為是龍，所以意義上，比右邊的地方來得重要。

　　而以前又著重文官而輕武官，所以可以仔細注意一下，左邊供奉的是不是文官，而右邊供奉著武官呢？

士林福德宮——
福德宮前栩栩如生的神獸。

士林福德宮──士林在地福德宮。

　　另外細心的話，可以看到土地公的下方供奉著一隻老
虎。但……這不是有義勇公才會供奉的虎爺嗎？

　　原來呀，因為土地公年紀比較大了，士林又多山，怕土
地公他老人家年紀太大，太遠的山頭路程太遠太辛苦，有了
虎爺的話，不但可以幫土地公跑跑腿，也可以作為土地公的
座騎。這樣的傳說是不是很可愛呢？

第三站：士林西裝街

　　拜訪完土地公他老人家後，延著旁邊的路騎進士林夜
市，在十幾年以前，這裡一家店也沒有，所有的攤販大概到
慈誠宮那裡便結束了，隨著夜市愈來愈受觀光客的喜愛，在
十幾年間，居然打通任督二脈，讓攤販們一直延伸至大南路
上！

　　有新的活血注入，也有老店家一直毅立不搖，趁著白天
夜市裡人少的時候，騎著單車有另一種特殊的氣氛。在大北
街和大西街的交叉口，轉入大西街，這裡以前整條街可都是
「訂製西服」的服裝店喔！

　　所謂的「西服」指的是「西裝與制服」，因為臨近學
校，所以很多學生們都會來這裡買制服，講究一點的大人，

則會挑塊料子，量身製作一套西裝，所以大西街又稱作「西裝街」。

隨著時代的推進，西裝街已不似當年熱鬧，不過還是有許多的老師傅駐守在這裡每天開店，等待著或許有一天，喜歡他們手藝的顧客，會再度回到這裡！

第四站：郭合記士林刀

士林大名鼎鼎的——郭合記，可是一家製刀百年的老店，鎮店之寶就是比瑞士刀還早二十年被發明出來的「茄柄竹葉刀」。

創始人——郭合，年輕時向廣東師傅學習打鐵手藝，從大陸漳洲來台後在士林落腳，他設計的「茄柄竹葉刀」能削能刮、順手好用，因此得到許多工藝獎牌，最特別的一面獎牌，是日本頒的一張純黃金製成的金牌獎！

揚名天下的士林茄柄柳葉刀。

註冊商標
元祖
郭合

士林名刀
著作權
登記12716号

西裝街──昔日的西裝店。

當時士林還不叫士林，叫「八芝蘭」，因此在此居住、製刀的郭師傅所製的刀，便被稱作「八芝蘭刀」，後來日本人將這裡改名為「士林」後，才稱作士林刀。

　　也因為這樣帶動了附近街區一帶，成為全臺最有名的打鐵街。全盛時期，同業聚集在此開設了將近上百家的刀具專賣店！

　　就像一把能折疊的小李飛刀，狀似茄子造型的刀柄，以及像竹葉形的刀身，圓潤的刀柄使用的是牛角，不像一般刀具使用的是塑膠或木頭，容易損壞，而刀身在近年鋼材提煉技術愈來愈精進之下，耐用度更提升不少。

　　創立之初，刀具的尺寸共有十種，顧客可依個人的需求與手掌大小訂刀，在當年不甚富裕的年代，擁有一把順手的好刀，幫助自己工作，是每個男人的夢想！

　　現在訂刀的人大多以收藏為主，不過訂單來的速度與手工製刀的速度相比之下，還是供不應求，所以真的想買刀的人，可能得先向老闆預約和排隊才能買的到！

第五站：士林公民會館

　　往小北街和大東路的小圓環去，佔據圓環一角的是仿古建築的士林公民會館，一進入大廳，中間放著一大塊「反經石」，這可是士林的寶貝！

　　反經石其實是一種有磁力的石頭，把正常的指南針靠近石頭的話，會讓指南針指反，所以才稱作反經石！

木公民會館。

在公民會館除了有不定時的展覽可觀賞，也可以稍作簡單的休息，補充水份、上上廁所，出了會館，在左邊有一棟美麗的巴洛克式建築。

這樣裝飾繁複的建築外觀，在大稻埕一帶出現的機率頗高，但在士林區倒是很少見。

雖然現今的建築外觀似乎沒有受到妥善的照顧，但在正面的牌樓，側面窗台上的裝飾，還是有很大的可看性。

公民會館旁的美麗老屋。

第六站：慈誠宮的十大謎團

士林的超級大地標——慈誠宮，有著許多有趣謎團藏在其中，你能解開幾個呢？

第一謎：慈誠宮怎麼唸？慈誠宮的「誠」，唸的音同「賢」，不是「誠」喔！仔細看它的字不是誠意的誠！

第二謎：左右獅子大不同。抬頭看看蹲在樑柱上的小獅子，左右兩邊是不是長的不太一樣，一邊比較圓潤可愛，而另一邊身形較精瘦有力呢？

是因為當年翻修的時候，請了兩位大師級師傅來廟裡整修，一人負責整修一邊，互相較勁之下，兩為師傅除了拿出自己的看家本領，也將兩人不同的風格，留下最好的見證。

第三謎：竹葉詩暗藏玄機。在大殿的其中一面牆上，鑲著一塊特別的石版，乍看之下，只是一幅簡單的石刻畫作，右下角題有一首詩。

不過可別以為只有這樣子，仔細看一下石刻竹葉，是否覺得造型有點奇特？沒錯，這竹葉中有字，字又排成竹葉，充滿巧思，字的內容就是右下角題的詩，令人拍手叫好！

慈諴宮是供奉媽祖的天后廟。

第四謎：**封神演義現身慈諴宮？**在竹葉詩上方珍貴的交趾陶作品，正上演著封神榜裡各路英雄好漢齊聚一堂的大場面。找找看，自己認識幾個呢？

第五謎：**痴情白蛇娘娘不見蹤影？**與封神演義作品對稱在大殿右邊的牆上，一幅「水漫金山寺」的交趾陶作品，活靈活現將白蛇娘娘與法海和尚大鬥法場景呈現出來！

找找看，穿著袈裟的法海，還有被白娘娘召喚前來的蝦兵蟹將，不過，怎麼不見白娘娘呢？注意到在空中的兩隻鳳凰嗎？據推斷，可能原本站著飛天的白娘娘，因為年久失修，所以遺失不見了。

第六謎：**左右童子沒穿褲？**一入廟門後的大廳，左右兩邊各站了一木雕童子，身穿一紅色肚兜，手持蓮花，腳踩蓮葉。

蓮花多子，童子踩蓮，喻意祈求多子，所以會有許多長輩，拿著糖果來放在童子身上，希望討好童子，並摸摸沒穿褲子的童子，以祈求家中媳婦快快懷上金孫！

第七謎：**柱名暗鑲地方名？**士林舊時又名「芝蘭」，找找看，廟中柱上對聯裡，有兩句詩句首就暗鑲著「芝蘭」！

第八謎：**媽祖娘娘有宮女侍候？**在廟門的門板上這些細緻的畫像皆來自一位重要的專業匠師——陳玉峰之手，仔細看看，門上的門神除了常見的秦叔寶、尉遲恭兩位將軍之外，一般大多以男性為主的門神，在這裡卻有著少見的「宮娥仙女」圖像，不知這是否和媽祖娘娘身為女性神明有關？

第九謎：**媽祖大變臉？**在慈諴宮的媽祖是很少見的「金面」媽祖，因為一般只有官方、宮中興建的廟宇，才有足夠的財力製作金面媽祖，而民間大多以木雕、石雕等，所以呈現的也大多是材質原本的顏色，即使上漆，也很少會上到珍貴的「金漆」。

不過神像因為長期在寺廟中，受到煙熏、氣候等等因素影響，漆面裂開、剝落，這時廟方就會把神像送去維修，一般正常的順序需先將原有的漆面磨掉，再上新的漆，而這時神奇的事情發生了！

把原有的漆面磨掉之後，居然顯露出藏在下面的金漆！後來經過廟方的討論，決定維持金面媽祖的面貌，不再上新漆，於是大家今天在慈諴宮，才能看到美麗的金面媽祖。

第十謎：**士林小人國。**位在正殿旁的偏殿天井中，有一幅龐大的石壁造景，大家發現了嗎？這石壁描繪的正是士林舊街時的模樣，可以說是東方版的「小人國」模型！

慈諴宮十大謎團

仔細看、唸唸看，你知道正確的唸法嗎？

+2點

+2點　宮娥門神

+1 點

☐ 童子

+3 點

金面媽祖 ☐

☐ 竹葉詩 +3 點

>>>

找找看，
你能解開幾
個謎團？

慈誠宮十大謎團

仔細瞧瞧，左右
獅子有什麼不同
？ **+3點**

+1點 柱詩鑲地方名

□ 封神演義 +3點

□ 水漫金山寺 +3點　法海和尚

□ 士林小人國 +2點

找找看，
你能解開幾
個謎團？

>>>

87

第七站：士林夜市

來到了士林，怎麼可以不逛士林夜市呢？

在慈誠宮對面舊時即為士林市場，是個呈現ㄇ字型的市場，ㄇ字型的三個邊上，一邊專賣肉類，一邊專賣蔬果，還有一邊賣生活雜貨。

以前這些市場攤販早早就要起床批貨、整理、準備，經常半夜時分就得摸黑出門，黑夜之中，提著燈籠，一盞盞的燈火遠看就像一盞盞飄在空中的鬼火，所以當時的士林市場又叫「鬼仔市」（台語）！

其實這樣的名稱不是臺灣獨有的喔！在北京也有一條街，以前也作為買賣市場之用，因為同樣的理由，便被稱為「鬼市」，後改為音同字不同的「簋市」。

「簋」其實是中國一種吃飯的器具，雖然現在這條街已經不是市場了，但卻發展成一條最熱鬧的飲食街，有上百家火紅餐廳在此經營，各家菜系應有盡有，和我們的市林夜市有著異曲同工之妙！

林夜市是在地人和遊客最常造訪的夜市之一。

士林美食地圖

小北街

大西路

公民會館

小西街

大北路

福德宮　珍煮丹　郭合記

大東路

慈誠宮

大南路　　　　　　　家鄉涼麵

派克雞排　阿亮麵線

蕭記碳烤肉捲

小南街

Ubike

90

文林路

小北街

大北路

小東街

中山北路

唉唷～吃的
好飽喔！

ㄊㄠ好吃
鹽水G

豪大大雞排

焗烤馬鈴薯

陽明
戲院

巫記青蛙下蛋

隨興的
邊走邊吃
就是逛夜市
最大的樂趣！

番外篇：士林夜市美食

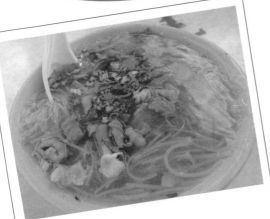

廟口阿亮麵線
媽媽那一輩人記憶中的老味道，攤位
上只賣蚵仔麵線和甜不辣兩種食物，
加一點辣椒，「狠」好吃！

家鄉涼麵：
特殊的泰式涼麵醬汁口味清爽，
無論何時前去都要排隊，不過份
量有點少，是美中不足之處。

ㄘㄠ好吃鹽水G

雖然各地都有鹽水雞，
不過這家鹽水雞卻總是
大排長龍，令人不禁好
奇它的獨門美味秘方是
什麼。

蕭記碳烤肉捲：
夜市的排隊人氣美食！招牌上
寫著「老士林」，無論怎麼
看，感覺就是一家好吃的在地
老店！

番外篇：
士林夜市美食

- 豪大大雞排：就在陽明戲院的正前方，士林發跡的「超大大」雞排，雖然評價兩極，不過眾所公認的是名氣絕對很大。

- 焗烤馬鈴薯：烤好的馬鈴薯淋上起司醬汁，有多種口味可供選擇，玉米、火腿、鮪魚，可別小看這個小小的馬鈴薯，吃下一個可是超有飽足感！

- 巫記青蛙下蛋：
雖然夜市裡有許多家青蛙下蛋，不過這家創立於1978年的巫記，是全臺第一家創立「青蛙下蛋」，店裡的「黑糖粉圓純鮮奶」是招牌。

珍煮丹珍珠奶茶
珍珠有濃濃的黑糖香味，加上濃濃的鮮奶香，喝過馬上愛上！

林學子們的回憶——陽明戲院。

bikebike小秘技

- 士林周邊景點及士林夜市內的巷弄，白天時沒什麼人，騎著單車到處遊覽，反而可以看見士林夜市的另一種風貌，到了傍晚五、六點左右，攤販與人潮接連現身，就不適合騎單車進入巷弄中囉！

- 士林官邸的正館參觀，憑個人身份證可免費借取語音導覽，或是事先上官網登記專人導覽場次，可以更深入了解士林官邸。

bikebike資訊站

站名	開放時間	地址
士林官邸花園	平日08：00～17：00／假日08：00～19：00	台北市士林[福林路60號
士林官邸正館	週二至週日09：30～12：0（售票至11：20），13：30～17：00（售票至16：20）週一及國定假日、9月養護期間休館（六、日照常開館） ・每整點鐘有專人中文導覽解説（10：00、11：00、14：00、15：00、16：00，每場30名） ・全票：100元／團體票：80元（20人以上） 優待票：50元 ・資格如下： ・國內各級學校或持有 ISIC國際學生證之在校學生 ・六十五歲以上民眾 ・設籍於臺北市士林區市民 ・持有志願服務榮譽卡之志 ・持有臺北市低收入戶證明者 ・免費入館 ・學齡前兒童 ・身心障礙者及其必要陪伴者一名	台北市士林[福林路60號
紙場1918	只在展覽期間及事先申請才能入內參觀	台北市士林[福德路31號
士林福德宮	一般白天與下午	台北市士林[大南路138號
郭合記	週一至週六 09：30～22：00	台北市士林[大北路74號
士林公民會館	週一至週日09：00～12：00；14：00～17：00；18：00～21：00國定假日、特殊假日及公告休館日不對外開放	臺北市士林[大東路75號
慈誠宮	每日06：00～22：00	台灣台北市士林區大南路84號

Chapter 04

出發！台北bike！bike！
圓山站

圓山站 —Ⓜ️— 捷運站點

u-bike站點

兒童樂園好玩喔!

台北兒童育樂中心

台北故事館

台北市立美術館

承德路

中山北路

圓山站2號出口

花博公園

圓山站 好玩的孔子思想

台北市立美術館　　大龍夜市

▶▶▶ 圓山站

遊玩路線：捷運圓山站>>孔廟>>保安宮>>顏記蚵仔麵線>>花博公園>>台北市兒童育樂中心>>台北故事館>>台北市立美術館>>大龍夜市

起點站：圓山站2號出口

位於圓山站旁的大龍峒，處於淡水河和基隆河的交匯處，為台北早期開發處之一，晚於萬華，早於大稻埕，這裡除了早期有凱達格蘭族的原住民開墾之外，在乾隆年間，大批的福建同安人就已來到此地開墾拓荒。

「大龍峒」為什麼叫「大龍峒」呢？

其實當時這裡還不叫「大龍峒」，而是稱作「大隆同」，「隆」取興隆之意，「同」則表示同安人，後因在東邊有個「龍峒山」，山的形狀就像一條龍，而此區正好位於龍尾，於是便改名為「大龍峒」。

「萬仞宮牆」的典故，是出自於古時候有個人在朝廷上對其它人說：「子貢賢於孔子。」意思是說，孔子的學生──子貢，比孔子還要賢能。

後來有人跑去告訴子貢這些話，於是子貢就說：「譬之宮牆，賜之牆也及肩，窺見室家之好。夫子之牆數仞，不得其門而入，不見宗廟之美，百官之富。得其門者或寡矣。夫子之云，不亦宜乎！」

子貢的意思是說：「如果用圍牆比喻的話，我的圍牆因為只有到肩膀那麼高，所以從牆外可以很容易的看進裡面豪華的屋子，可是孔子的牆有好幾丈高啊！所以如果不進入門內的話，是無法理解孔子的博學多聞的，而也正因為進入門內的人少之又少，所以那位先生這樣說，也是可以理解的。」

一番對答下來，不但可以知道孔子在弟子們心中的地位，也能看到子貢處事圓融、虛懷若谷的做學問態度，圓仔，你可要多多學習喔！

喔，原來如此啊！

孔廟藏寶圖

□
萬仞宮牆
+2點

+2點 橋上的竹節 □

泮池、狀元橋、毛筆頭 **+5點**

108星宿 **+1點**

照壁 **+3點**

找找看，孔廟裡面還有什麼寶藏呢？

>>>

孔廟──中門不開只開左右兩門，代表對孔子的尊敬。

第一站：孔廟

從圓山站2號出口，往庫倫街方向去，騎乘不久之後就會來到一片紅色的磚牆前，上頭寫著「萬仞宮牆」，這代表：孔廟到了！

泮池：在北京，天子給大臣們講學上課的地方稱作國子監，天子講學所坐之處稱為「辟雍」，天頂是圓的，地板是方的，取天圓地方之說，且外圍四周環水。

不過孔子不是天子，所談論之道只能算是諸侯之學，故只在南面有水，稱作「泮池」，所以進入孔廟後，找到有水池的地方，那便就是南方！

狀元橋：在泮池的上方，橫越著一座橋，稱作泮橋，也稱作狀元橋，這座橋在祭孔大典時，只有及第狀元的人才能走的。仔細看橋身欄桿和柱頭，是不是特別像毛筆的筆頭，欄桿又似竹子一節一節的？

竹為四君子之一，君子愛竹，因為竹身有節，代表高風亮節；竹身中空，代表虛懷若谷，而毛筆更是讀書寫字不可或缺之物，橋上造型暗喻讀書人，應有高貴的品德與節操。

　　麒麟照璧：站在泮池、狀元橋上，眼前美麗的紅牆上有
著一隻五彩麒麟，注意它腳下踩的可不是風火輪，而是書
卷、官印、如意、葫蘆。書卷代表知書達禮，官印是平步青
雲，如意為萬事如意，葫蘆為福祿雙全。

孔廟入門處右側有用毛筆寫的影片放映場次，特別有感覺。

進了禮門就得遵守禮儀。

京國子監裡的孔廟，一樣只有牌位
有木雕像，天頂是平面的，但整個大廳氣勢驚人。

有教無類

道貫德明

孔子不是神明，所以沒有塑像只放牌位，
不過天頂的藻井依舊美麗講舊。

10

不過藉由歷史可以發現，孔子的一生除了符合書卷的知書達禮之外，它的仕圖並不如意，做官也沒有平步青雲，周遊列國講學更是四處碰壁，甚至被追殺，所以這樣的建築設計，可以說只是後人的一種祝福之意，和孔子的一生其實沒有太大關係。

孔子令人敬佩的是孜孜不倦的學習、有教無類的精神，以及發揚儒家哲學，啟蒙東方思想。

一直到他年老之時，仍不斷用功讀書，以前的書是用竹片和麻繩編織之而成的，他讀書用功的程度，把書簡的麻繩都翻斷了，這樣的精神，值得我們好好學習。

108星宿：這108星宿可不是在天上，而是在門上。

為了表示尊師重道，在孔廟平時只開東西兩側的門，中門只在重大慶典才開啟，西門代表禮，東門代表義，進了這兩道門，就代表著得「守禮遵義」。

接著再數數門上的門釘，是否為108顆？

在北京城，就連天子的門也只有九排乘九排，總共81顆門釘，而孔子的門可是超越了天子，有108顆。

北京的辟雍是天子講求學之地，所以四面環水，
孔子講學只能算是諸侯之學，所以只能有南面有水喔!。

仔細看台北孔廟裡的柱子，是不是都沒有對聯？

這108顆不但代表著孔子尊貴的地位，也象徵天上的108顆星宿，符合36天罡、72地煞，有著鎮守廟宇、除妖擋煞之功用。

其實孔廟裡的壁畫、交趾陶等，都有其代表的喻意與故事，近年來，在有關單位規劃下，豐富的解說與多媒體的互動方式，讓民眾可以用更活潑生動的方式，除了了解孔廟的建築之美，還能體驗孔子所說的「六藝」精神與內涵。

可別小看孔廟裡的這些遊戲喔，要是不好好研讀牆上的相關知識，恐怕還無法高分破關呢！

這間孔廟同時也是全台唯一一間非官方建造，而是由當地仕紳籌措經費興建，而孔子地位之重要，除了被封為「至聖先師」之外，南宋儒學家朱熹說的最傳神：「天不生仲尼，萬古如長夜。」近代更證明，孔子的思想就算到了歐美各國，一樣令西方人士趨之若鶩！

不過孔廟雖然有個「廟」字，但有兩個地方和其它的廟宇不同，不知道你發現了嗎？

第一，是廟宇常見的神明塑像，在孔廟裡看不到，因此孔子是因其功業而被尊稱為「至聖先師」，並非神明，所以沒有塑像。

第二，是柱子上沒有任何字句與對聯，這是為什麼呢？

嘿嘿，你敢在關公面前耍大刀，在孔老夫子面前賣弄文章嗎？

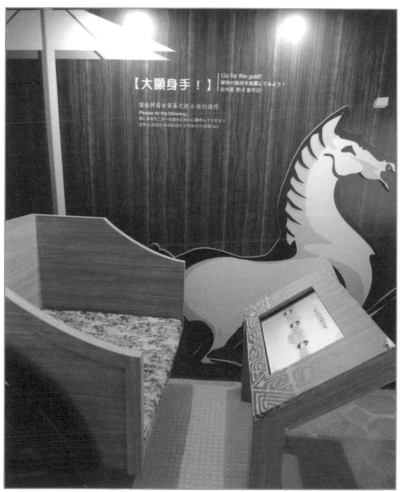

多媒體的互動方式，讓你邊玩邊了解孔子的思想。

在孔廟內將有趣的各種互動多媒體玩完一輪，也把孔老夫子的偉大思想透徹的了解一遍後，在停單車的站點旁邊，便是大龍峒非常靈驗的「保安宮」。

保安宮祭祀的主神是保生大帝，是同安人從家鄉請神而來的神明，取名「保安宮」也是意為「保佑同安」。

保安宮除了保生大帝外，還有神農大帝、福德正神、關聖帝君等眾多神明。

別擔心不知道誰是誰，到點香處的地方會有寫著各殿中的主要祭祀神明名稱，甚至還會告訴你正確的祭拜順序。

除了拜神、求籤之外，趁著白天光線充足，不妨抬頭看看頭上天頂，保安宮歷經了四次重大翻修，而東西兩側的木雕，分別請了傳統派的陳應彬師傅，和西風東漸派的郭塔師傅，兩人功夫手藝各有千秋、風格特色。

不過仔細看的話，會發現，郭塔師傅在斗拱木雕上，可是暗暗題著「真手藝無更改」和「好工手不補接」等字！

屋簷下的木托相當有看頭。

　　令人不禁想像兩組修繕人馬，暗中較勁、全力以赴的認真模樣，不過不管誰勝誰負，能留下這麼美麗的建築，後代才是最大的贏家。

　　而晚上的保安宮，有另一種莊嚴、美麗的神秘感！藉由燈光的展演，保安宮加入現代燈光設計後，所呈現的強烈明暗對比，使建築顯得更加立體、美麗。

　　角落點上一枝枝紅燭，燈火、煙香搖曳下，讓人的心靈獲得沉澱、平靜。

保安宮正面大門。

第三站：顏記蚵仔麵線

逛完了大龍峒的兩間大地標後，腦力和體力都消耗不少，這時候則是最需要美食來補充一下體力了。

騎上bike，我們往延平北路出發，在大龍峒的西邊，靠近河堤的橋下，有一家「超有料」的蚵仔麵線，這可是當地人才知的「私房景點」喔！

這裡的蚵仔麵線，不但給料大方、蚵仔大顆，最特別的是它的大腸頭事先魯過，呈現迷人的咖啡色澤，配上辣椒、蒜泥吃一口～喔！真是令人每想必餓！

除了蚵仔麵線，還有臭豆腐的品質也不錯，配著麵線一起吃，真可謂人間一大享受。

即使周邊停車不方便，但還是有著絡繹不絕的顧客，甘冒著車子被吊走的危險也要吃，可見此店有多超人氣了！

第四站：花博公園、諾亞方舟、花博爭豔館

吃飽了喝足了，騎上bike，我們往東邊出發嘍！回到圓山站，1號出口旁的花博爭豔館，前身其實是中山足球場，

當年麥可傑克森來台的演唱會，就是在此舉行的呢！

經過了花博會的重新整修，現在足球場變成了爭豔館，不但成了辦展覽的好去處，周遭還有許多充滿設計感的小店，再往前走一點，有著全台第一座用回收保特瓶重新塑形、堆疊而成的綠建築──諾亞方舟。

前衛的建築材料，設計獨特的造型，在花博展示出，不但造成許多話題，就連周杰倫都曾在此取景拍攝MV呢！

在爭豔館的對面，有著廣大綠地的地景花海，在底端連接著台北兒童育樂中心的入口，也就是許多人小時候的回憶──兒童樂園！

第五站：台北市兒童育樂中心

兒童樂園在花博預定舉辦前夕時，傳出即將封園歇業的消息，在最後營運的幾天，無論男女老少，紛紛湧入樂園，想重拾回憶。不知是否因為如此，所以在花博會後，兒童樂園不但重新開放，而且變得比之前新穎、有朝氣。

其實兒童樂園除了夢幻的旋轉木馬、碰碰車、空中飛椅、咖啡杯這些會讓小朋友開心尖叫的遊樂區之外，在捷運

花博公園 —— 中山足球館因為花博而變身。

旁的地景花海區，不用過馬路到北美館那邊，便有進入育樂中心的入口。

這邊可以直通寓教於樂仿古區的昨日世界，還有充滿科學、奇幻3D劇場的明日世界，更別提在廣場、偶戲天地，每週六、日下午都有演出，其實不止小朋友，就連大人也能重溫兒時回憶！

不過近期部分園區關閉整修，期待重新開啟後的園區，帶給我們更多的歡樂！

第六站：台北故事館

如果逛累了、玩累了，想要文藝一下，那就走過地下道吧！穿過地下道，展現在眼前的是一棟充滿歐風的美麗小屋，加上屋前美麗的花園，真讓人有種置身歐洲小鎮之感。

原名為「圓山別莊」的台北故事館，建於1914年，只比北投公園晚一年，所以在2014年它就一百歲嘍！

現在它不但是市定古蹟，也成為了介紹台北歷史與故事的小小博物館，而且還能坐在裡面喝個優雅的下午茶喔！有興趣的人還能報名茶藝達人課程，在故事館裡面學習品茶！

第七站：台北市立美術館

　　幾個俐落的白色立方體堆疊在一起，既現代又極簡，無論經過幾年來看，依然前衛有型，這是台北市立美術館，也是喜愛藝術之人常來朝聖之處。

　　進到一樓，立即被眼前超級挑高的空間震攝住，大片大片的落地窗呼應著窗外的藝術品，看似隨意的擺放，在細細觀賞與品味之下，自有一番哲理。

館內一樓除了有禮品部和特展空間外，在地下室還有一個專賣藝術類書籍的書店，簡單小巧的餐廳常飄出咖啡香。

　　不是看展才能進入美術館喔！在北美館行之有年的「週末夜」，不但在每個星期六夜晚，免費開放民眾入館參館，還會舉辦各式的電影放映、音樂饗宴等活動，拉近與民眾的距離。

　　同時，就在花博展區旁的北美館，因應活動也有了一番
新的面貌！

　　在面向花博公園的建築，運用同樣白色系的設計，延伸
建築主體的空間，營運充滿藝術氣息的咖啡、用餐空間。如
果來不及在台北故事館喝個英式下午茶，那麼來北美館，一
樣可以愜意的享受咖啡時光。

第八站：大龍夜市

如果悠閒的下午茶和咖啡不能滿足你，那麼回到大龍峒吧！在孔廟對面，白天悠閒的街道，一到晚上，攤販一攤攤現身，屬於正港台灣味的夜市悄悄現身。

大龍夜市主要以賣吃食為主，雖然長度不長，但該有的都有，舉凡鹽酥雞、熱魯味、冷魯味、羊肉炒麵、擔仔麵、廣東粥，這裡應有盡有，價錢公道。

位於街口第一攤的鹽酥雞，是附近居民都知道的美味，建議點它的鹽酥雞，這可是在地人必點的美食！

隔壁的台南擔仔麵也是有名的老店，熟悉的味道，平實的價格，是我心中屬一屬二的銅板美食。

再往下走，有個阿

嬤在路邊賣的熱魯味小攤，每次來這我必點「王子麵+高麗菜」。阿嬤的鍋子看起來很黑，但吃起來超級美味！

如果你的胃還有空間，繼續往下走，直走到大龍街的街底，走到你懷疑的看看冷清的四周，心想：這裡還在夜市範圍內嗎？

堅定你的信心，走過一個公園，就在前面不遠處，有一家「川婆娘」麻辣魯味，老闆娘是道地的大陸四川人。

四川人愛吃辣是出了名的，它的麻辣湯頭有一種特殊的香味，總讓我懷念到大陸遊玩時，最愛吃的麻辣燙，喜愛吃辣、能吃辣的人不妨點個「大辣」，心有顧忌的人先點個小辣試試身手，免得辣過頭，反而吃不出魯味的美好。

最後最後，往前再走幾步路吧！在大龍街的底端，有家綠色的平民商店「勝佳百貨」旁邊，有一家肉圓，也是必吃的美味小吃！

賣肉圓的老闆在此賣肉圓至少有二十年了，旁邊米粉湯的攤

位雖然不是他們家的，但兩家老闆一起擺了二十幾年的情感，還真不是普通的緣份。

　　這邊的肉圓是用炸的，從鍋裡撈起後在鍋邊滴油，之後再放到碗裡剪開幾道口子，露出裡面的筍丁、肉塊、小雞蛋，老闆淋上特製的醬料，建議可以加一點點辣，拌一拌，皮Q筍脆，再配上一碗清爽的魚丸湯——遊玩一天的疲勞盡消！

bikebike小秘技

- 孔廟有4D影片，在每日上午的10、11時，和下午的14、15、16頭，共五場，孔廟內播映，有興趣的人可以選在播映時間附近前往觀賞！

- 在保安宮每週六、日都有固定的導覽，共有兩個時段：09:00-11:30，14:00-16:30，非假日時段需電洽：02-2595-1676，轉圖書館完成預約（需提前兩週前預約）

- 雖然孔廟已經有如此多的解說互動設備，不過如果你還想更深入了解孔廟的相關內容，可提前向館方提出導覽申請（需提前一週申請）。電子郵件預約：cd_uniika@mail.taipei.gov.tw

bikebike資訊站

站名	開放時間	地址
孔廟	週二至週六08：30～21：00 週日及國定日08：30～17：00 週一休館	台北市大龍街275號
保安宮	夏季每日06：30～22：30 冬季每日06：30～22：00	台北市哈密街61號
顏記蚵仔麵線	07：00～19：00	台北市延平北路 四段253之1號 02-2598-7820
台北故事館	週二至週日10：00～17：30 週一休館	台北市 中山北路三段 181-1號
台北市立美術館	週二至週日09：30～17：30 週六夜間開放至20：30 週一休館	台北市中山北路 三段181號
花博公園	公園全日開放 其它各館開放時間請依網站 www.taipei-expopark.tw	台北市中山北路 三段（於美術館旁）
大龍夜市	傍晚約18：00～22：00	台北市大龍街 孔廟馬路對面

bikebike蓋章趣

孔子的六藝之禮，你了解了幾項呢？
美術館進去走走了嗎？那這一頁你一定會收獲滿滿喔！

找找看有什麼
章可以蓋!
蓋一個章可獲得
2點經驗值喔!

bikebike蓋章趣　　找找看，這裡有什麼章可以蓋

Chapter 05

出發！台北bike！bike！
雙連站

李亭香餅舖

迪化街一段

大稻埕碼頭

林柳新紀念偶戲館

台北霞海城隍廟

車輪餅

杏仁露

永樂市場

土魠魚焿

旗魚米粉

擔仔麵

金仙魚丸

雙連站　　有記名茶　　保庇館

雙連站 ──Ⓜ── 捷運站點

u-bike站點

雙連站 Ⓜ

民生西路

萬福號

有記名茶

三元號

法主公廟

南京西路

重慶北路

台北圓環
保庇館

大稻埕有
很多好玩
的東西喔！

雙連站

日治時期的
臺灣
小世界！

永樂市場　　大稻埕碼頭

▶▶▶ 雙連站

遊玩路線：捷運雙連站 >> 朝陽服飾材料街 >> 有記名茶 >> 臺北新圓環保庇館 >> 法主公廟與228事件發生地 >> 第一化工 >> 迪化街起點與永樂市場 >> 霞海城隍廟 >> 大稻埕美食 >> 小藝埕與大稻埕故事工坊 >> 林柳新紀念偶戲博物館 >> 大稻埕碼頭 >> 百年老店李亭香

起點站：雙連站2號出口

在台北城開發之初，最先發展的三個地方：艋舺、大稻埕、城內。艋舺就是今日的萬華，算是發展最早；城內是官方建築所在地，另外還有一個大稻埕。

最先開始發展的萬華區，在有名的「頂下郊拚」械鬥事件之下，清水巖祖師廟被燒光，戰敗的同安人被趕出萬華，轉而向大稻埕發展，再之後的兩次英法聯軍，迫使安平和淡水兩個港口開港，一下子，台灣的港口躍上國際舞台，但是萬華的地盤勢已趨成熟，即使英國人有心在萬華設立商行，也因為地盤問題，不得不轉往大稻埕。

在淡水港開港後，大稻埕與萬華一直是兩個相當重要的港口，但萬華後來因地盤械鬥問題，以及河道泥沙淤積嚴重，港口的發展焦點，漸漸移往大稻埕發展成熟、繁榮。

從大陸泉州移植臺灣的茶種和茶葉，被外商運到歐洲販售，讓英國維多莉亞女皇驚豔的讚嘆：「這是來自東方的美人。」因此，東方美人茶從此風靡全歐洲。全盛時期時，大稻埕遍地是茶商，繁忙的時候，每家商行的騎樓下坐著滿滿的揀選茶葉、分級的茶工，而當時最大的五家外商茶行：德記、怡和、美時、義和、新華利，也都紛紛在大稻埕設館。

大稻埕的繁華與商業，創造了驚人的財富，就連日據時代也都不曾停止發展，耀眼的程度，大概可以媲美今日台北101所在的信義區！

也因為大稻埕發展的成熟早於日據時代，所以在日據時代時，這裡可謂臺灣人的代名詞，是日本統治下的另一個小小臺灣國！

第一站：朝陽服飾材料街

從捷運站一路往堤防騎乘，在重慶北路轉向南邊，看到了「朝陽服飾材料街」的立牌，就代表有名的永樂「布」市

場不遠了，呼應布市場而聚集在此，各式和「布料」有關的材料，包含各種蕾絲、串珠、裝飾品，在大街小巷中，一條條街、一間間的尋寶，是最好玩的事！

安靜的小巷中，雖然在外人看來似乎有些寂寞，但「巷仔內」的顧客，倒是挺享受這種寧靜。無論是唸相關科系的學生、手工布包衣服工作室設計師，還是社團公司辦活動，需要特別的佈置或裝扮，來到服飾材料街準沒錯！藉由這種半尋寶、半博感情的買賣過程中，許多創意和設計源源不絕的變成商品與大家見面！

第二站：百年老店──有記名茶

來到了「朝陽公園」，我們騎著腳踏車拐進公園旁的小巷中，細看這個公園，已經嗅到一點「茶」的味道！仔細看看這個公園的立牌和地上的浮雕，一步一步往公園裡面走，就愈了解製茶的過程。

走著走著，眼前出現一棟風情萬種的老屋，這棟屋子和現在迪化街上許多仿古的建築不一樣，它可是「貨真價實」的百年老屋喔！時間的痕跡讓這棟紅磚造的二層樓建築特別優美，進到茶行裡抬頭看天花板，還能看到用一根根大木頭做的橫樑，讓人彷彿一下子回到當年的時光之中。

記名茶古色古香的真古蹟建築。

店內展示間利用模型讓培茶的順序
一目了然。

店內的老風選機利用風力來去蕪存菁。

揀茶梗的老師傅。

有記名茶的天花看的到一根根以圓木支撐的樑。

揚名世界的大稻埕茶產業

就像歐洲人引以為傲的葡萄酒一樣，茶便是東方的葡萄酒！

而大稻埕如何成為出口茶葉至全世界的重要貿易點？這要追溯到1865年，有一位英商杜德，想在台灣經營茶業買賣，但身為當時第一港口的淡水腹地太小，於是他轉而往當時已發展成熟的艋舺，也就是今日的萬華區設立行號，但艋舺當時已發展成熟，地方勢力各自佔據地盤，因此杜德外來的商號設立沒多久便遭砸店破壞。

最後，他來到了大稻埕，這裡有港口、有腹地、發展尚未成熟，且位於艋舺與淡水之間絕佳的地理位置，成了他最後的落腳之處。至此，大稻埕的茶行一家接著一家開，最盛時期，這裡可是有著上百家的茶行呢！

在這股歷史的潮流下，於1890年創立，如今已是百年茶行的「有記名茶」留存至今，除了延續古法做茶，也加入新生代的創意與思維。

除了將茶葉的行銷包裝與時尚設計結合，現在每個禮拜六下午，在茶行的樓上還有南管的免費表演喔！不過要先早早上網預約，因為每次場場爆滿！

來到有記名茶，除了喝茶、買茶、選茶，還可以參觀老茶行後半部的「培籠間」，展示間特別保留烘焙茶葉使用的炭火和稻殼的烘培順序和解說模型，而用炭火加稻殼培茶，與使用機械化設備培茶有什麼不同呢？

想像一下，在中秋節的時候，把肉放在炭火上烤，和放進烤箱用電烤，兩者吃起來的味道如何？有什麼不同？

不過儘管臺灣充斥各種茶的飲料店、茶館，甚至大家絕對都喝過珍珠奶茶，但……什麼叫茶？茶的品名和種類，又該怎麼區分？

茶的種類靠發酵，茶的風味靠烘焙

來到店裡，請教老闆有關茶的知識，牆上依發酵程度而決定不同品種的茶名一目了然。

毫無發酵的是綠茶，茶湯顏色呈淡綠色，發酵最徹底的是紅茶，茶湯顏色會呈深紅色，而在這中間的，依發酵程度不同，有包種茶、烏龍茶等等各種品名！

不過這只是依發酵程度而做的區別，真正要使茶有著特殊風味的，就要靠「烘焙」，烘焙的技術、時間、火候、材料，都會影響到茶的味道。

茶農的專業與茶行的角色

專業的茶農種茶，再交由專業的茶行賣茶，這是一門要靠人工、經驗、與智慧的高度技術產業。

有部台灣偶像劇叫「溫柔的慈悲」，講述的便是有關台灣茶的戲劇，有興趣的人可以觀賞一下，裡面談論到茶葉、農藥、走私茶、有機茶等議題。

茶葉的農藥殘留一直是消費者的疑問，一般茶農在茶葉採收前一個星期禁撒農藥，而近年來一直不斷推廣的有機茶葉，也使用各種方式，例如：賀爾蒙除蟲法，便是利用害蟲的母蟲賀爾蒙，來吸引、捕捉公害蟲，減少害蟲的繁衍，也就減少害蟲對茶樹的傷害。

要照顧一株植物就已經很不簡單了，更何況茶農要照顧的往往是一整個山頭的茶園呢？所以一個真正專業的茶農，是很少兼顧賣茶的喔！所以，這時候就得需要有一個專業的茶行，收購茶農的茶葉，而這時候其實賣茶才剛開始呢！

首先，經過合格的安全檢驗後，把茶葉分級，再請老師傅手工揀梗，可別小看這個動作喔！透過揀梗之後，消費者才能買到最實在、去無存菁的茶葉，否則以「兩」計算的茶葉，光是「茶梗」就不知佔多少重量去了！

最後，精選過後的茶葉上櫃販售，而茶梗就被拿去做茶梗枕頭等等利用，充滿茶香又好睡，不過也有茶行打著便宜，販售充滿梗的「茶梗茶」，至於滋味嘛……就看每個人喜好的不同嘍！

揀完茶梗之後，茶行透過自己專有的烘焙技術，烘焙出各種不同風味的茶葉，繼而打響茶行的名號。有記名茶在櫃檯後方的牆上，還掛著當年參加茶葉比賽的冠軍獎牌呢！

那獎牌和現在常看到的金屬獎牌不一樣，看起來像用鏡子的材質做的，從破裂之處還隱隱可見背後塞的舊報紙，可見年代之久遠！

不過也因為這樣層層的分工、揀選，需要大量的人力與時間，所以從茶農手中收購的茶葉價格，與顧客手中的茶葉價格一比，往往有著不小的落差，但不了解的人只看到表面，以為茶行賺取暴利、剝削消費者和茶農，但一間有良心的茶行，在中間的過程，要付出的心血與成本，恐怕是外人所難以想像的！

如何買才能買到好茶？

很多人在剛入門買「茶」的時候，往往因為還不甚了解，所以害怕買貴、被騙，其實這樣的問題，通常只要選擇

一家有誠信、有良心的茶行便可解決！因為有良心的茶行不
但會為你把關茶的品質，做好茶葉分級，公正訂價，還能在
你選購茶時，給你中肯的建議。

以下是訪問茶行時，老闆與大家分享的幾個小秘訣：

• 隔夜茶能不能喝？
　隔夜茶建議不要喝，因為茶葉中有蛋白質，如果將茶
　葉放置到隔夜，茶葉有可能會「臭酸」，所以建議不
　要喝隔夜茶，如果真要喝隔夜茶不可，那建議把茶拿
　去冰箱冰，以確保它沒有壞掉。

• 茶葉份量該放多少？
　通常1公克茶葉，可以兌100cc熱水。

• 茶該怎麼喝？
　觀其色、聞其香、嚐其味，只要是茶，便一定會苦會
　澀，差別在於苦澀的程度，好的茶在一點點的苦澀過
　後，還會有一抹回甘，不好的茶則是單純的苦澀。

第三站：新臺北圓環──保庇館

經過了有記名茶的洗禮，真的覺得身為炎黃子孫的後代，我們應該要好好的了解自己的茶文化，懂得如何欣賞它、品嚐它，相信它絕不會輸給歐洲的葡萄酒文化呢！

騎上單車，我們繼續在重慶北路上向南騎乘，眼前出現在一棟新穎的圓形玻璃屋，在許多老台北人記憶中，愉快夜晚生活的好去處，除了士林夜市，還有一個熱鬧的好地方──重慶北路上的老圓環！

每到夜晚人聲鼎沸、熱鬧異常，整城不睡的夜貓族似乎都在這了，不過現在老圓環已不復見，取而代之的是一棟嶄新的玻璃建築，設計它的李祖源設計師，正是台北101的設計者。

不過兩棟樓獲得觀注的人氣似乎不太相同！重建設計過後的圓環，裡面除了有賣吃的攤販外，館內多了綠色設計與展演空間，近年來為了提高人氣，更以保庇文創故事，增添館內文藝氣息。

在保庇迴廊裡，介紹了大稻埕最有名的保生大帝、文昌帝君、月下老人、註生娘娘、三太子、關聖帝君，以介紹

六大神明為主題，細讀看
板上的典故介紹後，現場
求藥籤、踏鰲頭、摸文昌
筆⋯⋯等互動，拉近與民
眾的距離。

在進入保庇迴廊前，
有九根祥龍獻瑞的龍柱，
一邊供奉桌上供奉著一尊
關公神像，這座神像原本
是無人可知，在老圓環的
地下室蒙塵多年，一直到
了修建工程動工之後，才
被施工的工人發現。

這裡的藥讖內容很有趣，為自己的
心求一讖吧！

在地下守護此地多年的關老爺，終於被正供奉起來。

151

bikebike蓋章趣

在保庇館中，有六位神明可愛的Q版印章，你找到了嗎？

找找看有什麼
章可以蓋!
蓋一個章可獲得
2點經驗值喔!

你看你看，保佑館中的舞台後方這裡還有許願池耶，我要投錢幣許願！

那不是許願池，注意看旁邊的紅磚牆，這裡原本是「防空用蓄水池」，是在第二次世界大戰的時候所留下來的，可以想見，當年在二戰的氛圍下，人人家中有防空洞，處處有防空壕的不安心情，再對比到現在的社會，我們可以生活在和平之中，真的是很珍貴的事呢！

這樣呀……那我要投幣來許願，希望世界和平！

你這孩子，我就跟你說了那不是許願池！

於是，在新圓環落成之後，這尊默默守護圓環多年的關聖帝君像，經過一番隆重的儀式後，被供奉在此位置，請求它繼續保佑這個老台北的重要地標。

而當年讓許多老台北人懷念的老味道，雖然在新圓環內已經看不到了，但仔細留意一下周圍的店家，龍緣魯肉飯、三元號、萬福號刈包，雖然少了昔日大圓環裡，眾家老字號擠在一起的熱鬧場面，不過這些依然堅持駐守在新圓環附近的老店家，或許也是另一種守護的力量。

第四站：法主公廟與228事件發生

延著南京西路騎去，會看到一棟相當特別「廟」，它不是在一樓，而是在大樓的樓頂！

法主公廟是大稻埕相當靈驗的廟宇，在都市更新規劃下，廟的原址需要規劃出一條道路出來，但廟不能隨便移動，這該怎麼辦呢？

於是最後將廟給往「上」抬了，建了一棟高高的建築，下面架空變成道路出入，廟宇則在高樓之上，而想出這個辦法的建築師，就是設計台北101和臺北圓環的──李祖源建築師。

法主公廟與228事件發生地的紀念碑。

在日本戰敗撤離臺灣之後，國民政府撤退來台接收臺灣，不過雙方在政治、經濟等水準落差太大，在國民政府的政策下，不但造成經濟、民生水準倒退，更讓本省與外省人的種族對立加大。

政府將日本留下的賺錢企業全收編為國有專賣，但長久下來，不但品質不佳，價格又昂貴，例如民生品之一的香煙便是如此，所以私煙泛濫，許多失業的人為維持生計便冒險販售私煙，而查緝的警察縱容私梟，卻對零售小販嚴加查緝，人民的不滿在長時間壓抑累積之下，在1947年2月27入夜後，一個販售私煙的老婦在小巷中被查緝，不但公煙私煙、現金全被沒收，還被擊傷，抱不平的民眾圍之，警察情急之下居然開槍誤殺民眾，至此事件愈演愈烈，人民要求嚴懲此事，但官方不但不查清是非，還下令鎮壓群眾，許多士紳、知識份子被抓、槍殺，事件從大稻埕延燒至全臺各地的抗爭，史稱「二二八事件」。

這是臺灣政治史上，一件規模且意義相當重大的事件，身為臺灣人都應該去了解事件的始末，了解臺灣的歷史，這些人勇於奉獻自己的生命，加速民主在臺灣落地生根，這些人都是自由的鬥士！這些人都不應該被遺忘！

這些人都好勇敢喔！

在法主公廟的對面街上，有一個體積相當大的石碑，這是「二二八事件引爆地」。關於真正的引爆地有很多種說法，一個地點是在立碑之地，另外還有兩處狹小的巷子也被指為才是真正的事件發生地點。

不過無論如何，都離不開二二八事件的始發地是在大稻埕的事實，除了憑弔，如果能讓每個人記取歷史教訓，不再重蹈覆轍，才是當年先人犧牲生命最有價值的地方。

第五站：第一化工

在延平北路與南京西路的交叉口望一望，可以看到法主公廟，還有一個許多女生應該不陌生的「第一化工」招牌。

經過電視與網路教學所賜，許多女性會到第一化工，自行購買、調製保養品，一來可以依自己喜歡的味道與需求製作，二來也比百貨專櫃賣的便宜，讓許多女性趨之若鶩。第一化工店面簡潔、有設計感，就算不買，逛逛也很有意思！

第六站：迪化街的起點與永樂市場

來到了南京西路的底端，與迪化街一段的交叉口，這裡便是迪化街的起始點！每逢過年過節，迪化街滿滿的採買年

永樂市場二樓的布市場是許多手工藝創作者的天堂。

貨人潮，總給人熱鬧滾滾的年味，從街頭試吃到巷尾，逛了
一圈下來，肚子也差不多就飽了！

過年時，充滿攤販賣力的呦喝聲的街道，在平日卻多了
一分寬敞與寧靜，這邊的建築，在政府法規與鼓勵之下，居
民紛紛將自宅修建，並保持二層樓高、古樸的典雅造型，試
圖保留著老街的歷史韻味。而位於迪化老街的心臟位置便是
有名的──永樂市場。

永樂市場的一樓和一般的市場一樣，是平日婆婆媽媽買
菜的菜市場，不過二樓以上可就不一樣，是專門賣布的批發
場，八樓則規劃成大稻埕戲院，除了有一間間的教室空間可

出借做為活動場地之外，也做為偶戲推廣的據點之一。不定期舉辦相關的演出活動。

在永樂市場樓上的大稻埕戲苑，有可愛的紀念章，你找到了嗎？

第七站：台北霞海城隍廟

慈聖宮、法主公廟、霞海城隍廟是大稻埕的三大廟宇，當初由福建泉州同安縣人所建，而此批同安縣人又大多是下店鄉的居民，下店又稱霞城，因此便稱霞海城隍。

城隍廟裡除了供奉城隍爺之外，還有城隍夫人、月下老人、七爺八爺、義勇公、文昌帝君、五路財神、八司官、八將軍、馬使爺、文武判官等眾多神明。

其中又以月下老人人氣最為火紅，在廟中常見日本遊客拿著觀光旅遊書來此祭拜、求紅線，桌上隨時可見回來還願佳偶的喜餅喜糖。

城隍爺是一個很特別的神明，因為一般神明要不就屬於「天上」，例如玉皇大帝，要不就屬於「地下」，例如閻羅王，可城隍爺特殊就在於他能「黑白兩道通吃」，既能夠上

永樂市場的八樓與九樓是大稻埕戲院。

達天上，也能下入地獄「喬」事情，所以無論是祈求平安，
或需消災解厄，信眾都會來霞海城隍祈福上香。

　　每逢城隍爺生日和七月鬼門開，廟裡會更熱鬧的舉行各
式慶典法會，這也是一年之中，無論還願或者有求於城隍爺
的好時機。

霞海城隍廟的月下老人可是有名到
讓日本遊客紛紛前來求姻緣。

來到這裡別忘了喝杯甜甜的紅棗桂圓茶，喝了之後心情會變好喔！

甜甜的好好喝喔，再來一杯！

　　來到這邊，很多人會驚訝城隍廟的「小」，不過「山不在高，有仙則名；水不在深，有龍則靈」，這裡的廟宇可是很靈驗的！

　　如果你也有事求於廟中神明卻不知該如何祈求，別擔心，廟方很專業的立了看板在牆上，如何祭拜，該遵守哪些規距，板上都一步一步寫明白了，更專業一點的，廟方還能英、日語導覽講解呢！

大稻
歷史街區
迪化街一段
維鴻布行
ELEVEN
維鴻布行
訂購專線
25560545
維鴻布行
歐日美布料・批發零售
維鴻布行

大稻埕的開端

第八站：大稻埕美食

　　在城隍廟的周邊，自古以來就是相當重要的貨品買賣集
散區，因應而生的許多小吃攤販，扮演著讓來此做生意的小
販們「不是吃飽是吃巧」的功能，延續下來後的老字號，讓
我們能藉由食物，與那個時代的氛圍做為一種聯結！

廟旁的古早味小吃。

第一攤：古早味車輪餅

位於永樂市場下的廣場，一個活動攤販賣的車輪餅，卻
是很多人每到必吃的小美食，除了多到快撐爆餅皮的內餡，
紅豆口味的餡料裡，還吃的到一顆顆飽滿香甜的大紅豆喔！

車輪餅的館多到快爆漿。

就是這一攤車輪餅。

第二攤：顏記杏仁露

在車輪餅旁不遠處的「亭仔腳」（騎樓）下，一攤販賣杏仁露的攤車裡，用古早味的瓷碗一碗一碗疊起來的杏仁露，看起來相當有親切感，還可以搭配著綠豆、紅豆、牛奶等不同口味一起吃！

第三攤：台南土魠魚羹

當地人都知道的老店，就在永樂市場的旁邊，絡繹不絕的人潮，讓你就算是外地人，也都知道這家必吃不可。

第四攤：旗魚米粉湯

就在土魠魚羹的旁邊，一樣超人氣的米粉湯，也是迪化街的老味道之一，除了米粉湯之外，紅燒肉也是這裡的人氣招牌之一。

第九站：小藝埕與大稻埕故事工坊

在大稻埕對面的小藝埕與故事館，是近幾年新興的文創空間，在整個大稻埕共有三間：小藝埕、眾藝埕、民藝埕，依主題的不同，在館內也有不同的創意商店進駐。

而故事工坊裡面所展示的，則是此屋從第一任屋主到第四任屋主的歷史過程，而在近年，老屋經由修繕完畢之後，

屋主也將之房屋捐贈予台北市政府，盼望此空間能獲得更妥善的照顧，以及更有效的運用。

　　所以現在，第五任的屋主雖然是台北市政府，不過由其它相關單位獲得三年的經營權，將此屋暫定調為「都市再生基地」的理念來營運，除了讓民眾用另一個角度來了解大稻埕，也和國際主流同步思考，城市基地的更多不同可能性。

小藝埕裡有許多氣質商店。

第十站：林柳新紀念偶戲博物館

　　無論是出現在廟口的布袋戲，或是老外的芭比娃娃和無敵鐵金鋼，曾幾何時，這些陪伴著我們長大的玩偶都消失去哪了？

　　位於大稻埕港邊的林柳新紀念偶戲博物館，打破中西文化的藩籬，致力於傳承偶戲的精神。

林柳新紀念偶戲博物館。

運用創新的思維，偶戲館至今已經到巴黎、比利時、倫敦、義大利、西班牙等許多國家演出，讓外國人驚豔，也增廣自己的視野，做了最好的中西文化交流示範。

博物館是老屋新用，結合一連四棟的美麗老屋，廣大的空間，除了收藏五千多件的偶戲文物，還有劇場表演空間，長駐於此的劇團，有相當高質量的演出，在推廣偶戲方面可謂國內的先趨。

這裡也是「老少咸宜」的博物館，除了大人能找回童年回憶，小朋友更是常常玩的不亦樂乎。

第十一站：大稻埕碼頭

大稻埕碼頭自開埠來，便一直在台北發展史中，有著重要地位，但隨著時代進步，大稻埕碼頭逐漸失去原有的功能。

近幾年經過淡水河重新整治，河濱公園與單車運動的盛行，把原本進出口貨物的「航海線」，轉型成了觀光導向的「藍色公路」，讓這個老碼頭重新注入一股新生的活力。每年夏季的大稻埕煙火節，更是不能錯過的盛大夏日慶典！

大稻埕碼頭──唐山帆船！

第十二站：百年老店──李亭香

　　逛完了大稻埕，在回家之前，往迪化街的尾端騎去，有一家用心製餅的「百年糕餅老店」你絕對不能錯過。

　　光是聽到此店創立的年份就夠嚇人的──清光緒二十一年。換算成民國呢？就是民國前十七年，足足已經有一百二十年的歷史了！

李亨香老屋新後美麗復古的外觀。

店內最有人氣的商品是號稱「台灣版的馬卡龍」——雪花泡芙。鬆軟綿密，入口即化，不止女性朋友們為之傾倒，即使是爺爺奶奶級的長輩食用也很方便喔！

　　店內還有多款人氣商品，都相當具有古早味特色，像是綠豆糕、咖哩肉平西餅、做成烏龜形狀的花生糖，都相當值得一嚐！

　　李亭香傳到現今已是第五代傳人，除了製作上遵循古法，在現今這個機械化生產的時代，餅舖堅持使用人工手作方式製餅，在日本，這種人有一種特定的稱呼為——「專業職人」。

　　職人不一定有很高的學歷，但一定有很高的技藝，販售的物品不一定有很高的利潤，但所製造或生產的東西一定有很高的品質與精神。

　　每次到日本旅遊時，總會欽佩欣羨日本的傳統工藝能匠，被他們的執著與堅持感動，也羨慕他們能將傳統獨門的技藝傳承保留到現代，不過回過頭來，我們是不是也該鼓勵支持在這片土地上，屬於我們的，默默堅持的專業職人呢？

李亭香雪花小泡芙入口

bikebike小秘技

- 近年夏季都會在大稻埕碼頭舉辦「大稻埕煙火節」，在逛完美麗的大稻埕老街後，晚上前往河堤邊欣賞煙火，是另一種美麗的選擇！

- 有記名茶於店舖的二樓，每週六下午舉辦「南管演奏」表演，這是早期茶行員工們的休閒娛樂，場地限制人數有限，想聆聽的人必須先上網報名。

大稻埕有很多可愛的章，準備開始在大街小巷中尋寶吧！

找找看有什麼
章可以蓋!
蓋一個章可獲得
2點經驗值喔!

bikebike資訊站

站名	開放時間	地址
新臺北圓環	週一至週六 09：00～20：30	台北市南京西路284-1號
有記名茶	週一至週六 09：00～20：30	台北市重慶北路二段64巷26號
法主公廟	07：00～21：00	台北市中山區南京西路344巷2號
第一化工	週一至週六 8：30～19：00 週日 12：00～18：00	台北市天水路43號
大稻埕戲苑	週二至週六 09：00～21：00 週日 09：00～18：00 週一休	台北市大同區迪化街一段21號8樓9樓
霞海城隍廟	每日早上6：16分至晚上7：47時，全年無休。(除公告之颱風、天然災害外)	台北市大同區迪化街一段61號
小藝埕	依各家店家營業時間	台北市迪化街一段32巷1號
柳新紀念偶戲博物館	週二至週日10：00～17：00 週一及國定假日休館 票價：成人80元，小孩(學生、優待票)50元 團體(20人以上)可先於網路申請團體導覽	台北市西寧北路79號
大稻埕碼頭	一般白天與晚上	台北市民生西路底端，往河濱水閘門口
李亭香餅店	週一至週六 09：00～20：00 週日 09：00～19：00	台北市迪化街1段309號

Chapter 06

出發！台北bike！bike！
善導寺站

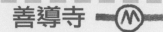
善導寺 —Ⓜ— 捷運站點

u-bike站點

林森公園

南京東路

這裡有好多故事喔！

十條通街區

市民大道

華山1914創意園區

忠孝東路

善導寺站
台北城的文化中心！

中山十條通　　玫瑰古蹟

▶▶▶ 善導寺站

遊玩路線：捷運善導寺站>>華山1914創意文化園區>
>國父史蹟紀念館>>中山區十條通>>中山區的美食>
>玫瑰古蹟>>光點台北>>台北當代藝術館

起點站：善導寺站1號出口

如果說車站是一個城市發展的中心，那圍繞在車站外圍
的地區，無疑是最佳娛樂、休閒的所在地。

從日據時代開始，台北車站往中山北路上的巷弄裡，規
劃了「十條通」巷弄文化，這裡是達官貴人們應酬吃飯、休
閒娛樂的最佳場所，因應而生的酒家、小姐文化也隨之而
生。

第一站：華山1914創意文化園區

從善導寺站出來，悠閒的騎著單車到華山的門口，便有

一處單車停靠站，走入華山「開放性」的大門後，先映入眼
簾的是一大片不規則起伏的青草地。

山古蹟再利用，注入新生的活力！

夜晚的華山別有一番風味

華山為何叫華山？

其實華山原名不叫華山，在日本統治臺灣的時候，被派來治理臺灣的首任總督——樺山資紀，廢掉原舊有地名，命此地為「樺山町」，後來再逐漸轉變成「華山」。

華山的前身是？

華山最初的使用功能，是日本人創立的「芳釀社」釀酒廠，當時主要以釀造清酒為主。

後來台灣總督府實施「酒公賣制度」後，華山便成了官方的「酒專賣釀造廠」，這時的華山改成以製造米酒為主。

1945年國民政府撤退來台，接收臺灣的一切，並且實施「煙酒公賣制度」，華山釀酒廠再度更名為「台灣省菸酒公賣局台北第一酒廠」，也是現今許多老一輩人口中的「台北酒廠」。

這時，台北酒廠的黃金年代來臨了，除了米酒，酒廠還研發製造了太白酒、各種水果酒，獲得民眾好評，不過盛久必衰，在環境的變遷，以及製酒最重要的——水源，被污染之後，政府於1987年於林口另建酒廠，台北酒廠的風光歷史從此畫下句點。

保留下來的美麗古蹟再利用，如今變成許多特色餐廳！

華山的重生

　　或許危機就是轉機，被遺忘了十年的台北酒廠，在「金枝演社」進入華山表演時，重新受到媒體關注，因為酒廠屬於國有財產，表演團體事先未申請便入園表演的行為，被指為侵佔國產。

　　經過許多文藝界人士的聲援與奔走，古蹟活化再利用的方式開始注入華山特區，讓這個風華一時的老酒廠，多了新生代的生命力與願景。

華山──廊道上充滿創意的文創商品。

現在，華山已經等同於創意、文化、活力的代名詞了！兩年一次的簡單生活節是這裡的常客，各種大大小小的展覽、藝文團體、表演、餐廳更是不斷進駐。

從蕭條到成為文創的代名詞，誰說老廠房只能拆除、任其腐朽？跳脫僵化的思考維度，才能將歲月留給我們的珍珠與歷史，傳承給後代子孫！

第二站：國父史蹟紀念館

在臺灣，和國父孫中山先生有關的史蹟並不多，因為國父總共只來臺三次，當年革命在資金缺乏、暗殺壓力之下，到國外通常是為募款與躲避追殺。民國二年國父第二次登臺，就是因為二次革命失敗，為了再次討伐袁世凱，所以避禍於臺北，下榻於當時位於火車站旁的「梅屋敷旅社」。

後來這裡改為「國父史蹟紀念館」，在民國72年鐵路地下化的時候，主館向東北移動了約50公尺，在民國一百年的時候，國父的孫女捐贈了一尊國父的等身比例銅像給園內，並且親自來此剪彩！

現在館內除了展示當年國父下榻時，親自揮毫贈與旅社主人的「博愛」兩字，同時陳列國父的「中華民國臨時大總

統誓詞」、「三民主義自序」，屋內的木方桌和坐墊也依照國父當年下榻時的情形擺設。

　　館內建築面積不大，但坐在長廊下，向外眺望美麗的江南式庭園，想到國父革命的辛苦，促成今日民主的社會產生，就不禁佩服他的偉大。

國父等比全身像。

　　所以據説當年國父下榻於梅屋之後，召來了旅館老闆娘詢問：「這旅館有 "特別" 的服務嗎？」而這時梅屋的老闆娘一聽到國父的問題後，馬上義正言辭的斥責國父説：「我們這裡是堂堂正正經營的旅館，如果你要找 "特別" 的服務的話，你應該去北投那裡尋找溫柔鄉，而不是住在這裡。」

　　國父一聽完後，便收拾收拾行李，往北投而去，因此，新北投的溫泉博物館中，才有著「國父到此一泡」的記錄。

　　以當時革命的年代，「有今天不一定有明天」，是很多人的生命寫照，國父畢竟也只是凡夫俗子，那種不知道是否能看見明日太陽的壓力實在太大，今朝有酒今朝醉，及時享樂以排解壓力與心裡的苦悶，是可以被理解的。

　　而這傳聞的可信度有多高呢？據聞，與國父私交甚好的一位日本位高權重人物，有次心血來潮問了國父：「你這一生當中最喜歡什麼？」國父回答：「革命。」，日本人笑説：「你喜歡革命我們大家都知道，除了革命之外，你還喜歡什麼？」國父答道：「女人！」

　　國父一生豐富的情史，加上後來電視新聞還曾追查，國父在日本有老婆與後代的史料，都加大了此傳聞的可信度。「革命、女人、讀書」，可説是國父一生當中，最重要的三樣東西！

古色古香的木造建築和美麗的庭園。

第三站：中山區十條通

　　中山北路的林蔭大道、世界知名時尚品牌、五星級飯店，會聚集在同一條街道並非偶然，每當有外國貴賓抵台，從機場一路開往總統府走的就是中山北路，所以這條路可說是肩負起台灣門面的一條重要道路。

　　在中山北路旁的巷弄裡還保留了一部分「十條通」特色與餐廳，隱身在小小巷子裡，多的是美味料理與特色小店，

　　這裡的店每家都不大，但來頭都不小，政商名流的愛店、道地的日本料理、談事情應酬的酒家文化，在這裡交錯融合，形成獨特的經商之道。

在街上的條通指標。

　　時至今日，還是可以看到許多日本中年男子來此地談生意應酬。

二條通一號店是一家咖啡店。

第四站：中山區的美食

既然講到了條通美食，當然不能忘記介紹幾家不可不知的美食料理，這裡臥虎藏龍，各國美食應有盡有！

二條通1號店：綠島小夜曲咖啡館

位於二條通的街首，一家外觀深色、舊中帶新的二層木造建築，在門前的踏石石階上，大喇喇的刻著——二條通No.1。

在樹木與綠色植物的陪伴下，古色古香的建築飄出隱隱的咖啡香，這棟老屋經由現代建築師的巧手改造後，一樓成了悠閒的咖啡店，二樓則是建築師的工作空間。

坐在一樓，想像當年條通的繁榮景像，再對照今日的悠閒清爽，品嚐一種時代的美麗！

日式料理：肥前屋

要說十條通裡最有名氣、人氣的日本料理店，那麼肥前屋絕對榜上有名！這裡的日式鰻魚飯是最大招牌，絕對道地的日本味，另外日式煎蛋捲則是受到女性的大好評！這裡生意好到不接受訂位，每到用餐時間前，門口絕對大排長龍。想進屋裡去吃頓飯？除了好運氣，還需要很多耐心。

山區美食──肥前屋。

中山區美食 — 老上海新高記中山店。

上海料理：老上海新高記

想吃道地的上海料理，不用跑到上海！在中山北路一段上的老上海新高記，有讓爺爺奶奶們難忘的好味道。

高記的創辦人是一位叫「高四妹」的「先生」，原籍浙江人，十六歲到上海拜師學藝，接著來到人生地不熟的台灣，落地生根，憑著一身的好功夫，為當時飄洋渡海而來的許多上海人，帶來一點思鄉的慰藉。

從一個鄉下的毛頭小子，到進總統府為外賓表演上菜；從小小的路邊攤，到現今三家皆位於黃金地段的高檔餐廳，中山店整棟三層樓的用餐空間，外表看起來新穎，但進到一樓會發現，大多是上了年紀的爺爺奶奶們，原來為了體貼老人家上下樓梯不方便，在高記的一樓，可是專屬他們的vip座位喔！

時間與努力或許為高記帶來美麗且繁榮的改變，但骨子裡不變的是中式料理中，那股濃濃的人情味。

現代簡約設計的義式餐廳：薄多義

在中山北路旁彎曲的巷子中，一間外表以灰、黑雙色打造，乍看之下以為是倉庫，再看才發現是一家充滿現代簡約設計的義式餐廳。

比薩、義大利麵、燉飯、甜點、開胃菜，每一樣都充滿著義式風格，主菜份量剛好，配著開胃菜和飯後甜點一起吃，絕對是撐著肚皮走出店。

店內處處充滿創意巧思的設計與隨興簡約的插畫，是個適合年輕人聚會、聊天的場所。假日不接受訂位，想吃就得早早到現場排隊。還好室內等候區佈置的美崙美煥，還有雜誌可陪伴大家消磨時間！

第五站：玫瑰古蹟——蔡瑞月舞蹈研究社

蔡瑞月是誰？

蔡瑞月女士是50年代的現代舞舞蹈家，也可說是女性舞蹈家的先趨。

1921年她誕生於台南，是家中經營旅館的一個小女孩，不知道自己長久以來喜歡的那件事叫「舞蹈」，直到看到來台演出的日本石井漠舞團表演，才發現——原來這就是舞蹈！舞蹈是一門專業！

16歲的她，赴日向石井漠與石井綠老師習舞，直到25歲回台後，便致力於將舞蹈的精神，傳播在這塊土地上。在

1949年，國民政府撤退來台，她的丈夫無端遭到流放，她則無端下獄，無來由的四年牢獄之災，並沒有澆熄她對舞蹈的熱情。

　　在牢獄之中，她將自己對女兒的思念之情，轉化為舞蹈，出獄之後，不但繼續跳舞，還成立了蔡瑞月舞蹈研究社。蔡瑞月女士一生奉獻予舞蹈，直到2005年辭世，享年84歲。

玫瑰古蹟的牆柱會吹出泡泡，感覺既夢幻又美麗。

這棟美麗古蹟就像玫瑰一樣，
在虎視眈眈的高樓之下頑強的綻放美麗

來到這裡，一棟古色古香的日式木造建築，溫和舒適的立於綠草地之中，一切這麼祥和美麗，令人絕對想不到的是，在1994年，它一度面臨被拆毀的命運，目的是為了蓋現在位於古蹟旁的捷運辦公大樓。

為了抗議政府拆除、搶救古蹟，於是三位舞者想出一個辦法：吊在對面大樓的高空之上，從白天到黑夜再到清晨，這樣的行動，成為一幕最撼動人心的舞碼，也因為如此，在新聞媒體大力報導之下，最後古蹟順利搶救成功。

不過就在市府核定此地為市定古蹟的隔天，有人縱火將古蹟完全燒毀。

但舞者們並沒有放棄，在2005年原地重建完成，隔兩年後重新開館，現在這裡不但是與國際藝術接軌的舞團表演場地，也有論壇、餐飲、舞蹈課程。

古蹟以「玫瑰」之名，象徵在冰冷的水泥都市之中，擁有一朵綻放美麗與芬芳的玫瑰花朵。但我覺得這朵玫瑰所象徵的是烈火後重生的鳳凰，也是孕育舞蹈生命，最堅強溫柔的子宮。

第六站：光點台北

在中山北路的綠蔭大道旁，一棟兩層白牆的小巧建築，透過黑色鏤空的精美欄杆，很難不被園內一方充滿自在、白色傘座下悠閒的人們吸引住目光。

這棟有著美國南方殖民樣式的西式建築，在美國尚未與我們斷交之前，是美國大使館的所在地，而在美軍撤離之後，這裡一度荒廢，直到後來經過各方人士奔走，才得以保留，並將之經營成一處擁有藝文氣息的人文場所。

經過改裝，有著小巧電影廳的光點台北，不但會定期播放非主流的電影，室內還有一處專售各式電影、文創相關產品的商店，或者也可以在外面美麗的花園坐下來，喝杯咖啡、吃點點心，搞不好，還能遇見這裡的常客——候孝賢導演，坐在這裡看劇本。

第七站：台北當代藝術館

如果台北光點是穿著白西裝的優雅紳士，那麼台北當代藝術館就是有著火紅舞衣的西班牙佛朗明哥女郎，不過這位美麗熱情的西班牙女郎，可不是一開始就這麼火辣熱情的。

在美麗的紅磚老建築之下，最一開始是日據時期的「建成小學校舍」，這裡專供日本子弟唸書，後來國民政府時期這裡成了「台北市政府辦公廳舍」，也就今天的台北市政府！所以這棟建築物可是掌管了台北市最重要的五十年的建設與指揮權！

後來台北市政府搬遷至今日位於信義區的台北市政府後，這裡成為當代藝術展演場地，也有部分建築成為後方建成國中的教室，雖說是首開了的古蹟建築與學校結合的案例，但作為學校，其實一直是這棟古蹟的本命。

當現代充滿前衛與天馬行空的藝術，結合各種藝術媒材、表現手法，開始為建築妝點出另一番前所未有的新潮面貌時，它又轉變成一位經過歲月淘洗展現成熟韻味、充滿魅力的熱情女郎！

bikebike小秘技

- 參觀台北當代藝術館雖然要門票，不過有兩種免門票的方法喔!
- 親子日免門票：開館期間，每週六日及國定假日10：00～12：00，親子同行可免門票參觀展覽
- 社區日免門票：開館期間，每週二至週日10：00～12：00，凡大同區居民憑證件〈限本人〉即可免門票參觀展覽。

bikebike資訊站

站名	開放時間	地址
華山1914	依各家商店營業時間	台北市南京西路284-1號
國父史績紀念館	週二至週日09：00～17：00，中午12～13休息一個小時 庭園 08：00～17：00 週一休園、休館	台北市重慶北路二段64巷26號
玫瑰古蹟蔡瑞月舞蹈研究社	週二至週日10：00～17：00 每週一休館	台北市南京西路344巷2號
光點台北	週一至週四&週日12：00～21：00 週五、週六 12：00～10：00 每月第一週週一休館	台北市天水路43號
二條通1號店綠島小夜曲咖啡館	週一至週日12：00～21：30	台北市大同區迪化街一段61號

肥前屋	週二至週日11：00～14：30， 　　　　　17：00～21：00 週一公休	台北市迪化街 一段32巷1號
老上海 新高記	週一-週日11：00～22：00	台北市西寧北路79號
薄多義 中山店	週一至週日11：30～14：30 　　　　　17：30～21：30	台北市民生西路底端， 通往河濱水閘門口
台北當代 藝術館	週二至週日10:00～18：00 　　　　（17：30停止售票）， 　　　　週一休館 ・票價：50元 ・定時導覽 每週二～五11：30 及14：00、週六～日10：30及 14：00，皆有專業導覽員提供 展覽導賞的服務，民眾憑當期 展覽門票即可免費參加。 ・專家導覽，每週日13：00，本 館皆聘請相關領域專家學者進 行展覽導賞，民眾憑當期展覽 門票即可免費參加。 ・憑身分證或駕照可免費借用 語 音導覽、輪椅及嬰兒推車	台北市大同區迪化街一 段21號8樓9樓

bikebike蓋章趣

找找看，這裡有什麼章可以蓋？

bikebike蓋章趣

找找看，這裡有什麼章可以蓋?

Chapter 07

如何使用You-bike &
You-bike達人榜

如何使用 You-bike

- 開通悠遊卡

在台北市微笑單車的網頁（www.youbike.com.tw）建立帳戶後，輸入悠遊卡背面右下角的卡號數字，就開卡成功嘍！

- 沒有事先在網路開好卡的人，也可以在現場利用開卡機開卡！

- 下載app or確認站點

在微笑單車的網頁上的「下載專區」，有專屬的app可供下載使用，這樣一來，就能隨時隨地掌握各租借點的「可借車輛」或「可還車輛」。

開卡機

You-bike 借前檢查

- 尚未借車前，先檢查車輛的煞車、車鎖、響玲、輪胎是否都為正常，以避免借車後，因為車體故障需重新借還的麻煩。

- 先調整椅座高度，以一般平均160cm高的人而言，座椅高度可降到最低。

座椅高度只需要掰開鐵閘就可調整上下

- 如果借完車才發現車子有任何問題的話，五分鐘之內可於原站點還車後，再馬上借車，否則一般還車後，在原站點需15分鐘後才能再次借車。

- 無論騎乘前後，發現車輛有任何問題，可將座墊反轉，這樣巡視車輛工作人員便能處理車輛的問題。

You-bike 租借步驟

- 可借車輛的柱頭顯示燈為「綠色」。

- 拿出悠遊卡輕觸欲借車輛的面板，請注意，停車柱分左右兩邊，要盡量靠往想借車輛的那一邊面板。
- 聽到「嗶」一聲，車輛解鎖，盡快將車輛往後拉出。
- 拉出後，空著的柱頭燈會顯示為「藍色」。

You-bike 還車步驟

- 尋找柱頭顯示為「藍色」燈的空位。
- 單車的輪胎壓過地上的白線，代表已對準車子鎖頭，往前推進到底，將車鎖插進柱頭。
- 柱頭開始響起一連串短促「嗶」聲，在嗶聲內將卡片對準輕觸還車邊的面板。
- 感應成功面板第一格會顯示此次騎乘付款費用，第二格是卡片內剩餘的金額。
- 柱頭燈會跳回綠色，等待下一位使用者騎乘。

有車和沒車的燈位置不同，顏色也不同

You-bike 費率計算

- 目前騎乘時前30分鐘內免費，之後以官方網頁公告為標準。
- 未滿30分鐘以30分鐘計算。
- 還車後15分鐘內無法於該站點借車。

騎乘30分鐘	免費
騎乘4小時	每30分鐘10元
騎乘4小時-8小時	每30分鐘20元
超過8小時之後	每30分鐘40元

You-bike 如何使用車鎖

1. 將鎖鍊繞過輪胎後，將金屬插捎插入右方鎖頭洞。

2. 插入後，左邊的鎖柱會凸出，代表已插到底。

3. 轉動鎖頭上的鑰匙後抽出，即代表成功鎖住。

4. 開鎖時將步驟反向操作。

單車鎖頭的鑰匙不見該怎麼辦？ （轉載自YouBikeE官方網站www.youbike.com.tw）

一、請您立即電洽1999市民熱線轉YouBike公共自

行車或撥打02-8978-5511（付費），請服務人員協助處理，並依「臺北市公共自行車租賃系統YouBike服務條款」4.使用服務及騎乘注意事項之規定管理之。

二、如使用者於使用途中，自行車鑰匙遺失，使用者有義務將車子運送到YouBike服務中心（開放時間依網頁公告為主），並賠償鑰匙工本費新臺幣200元整；如消費者無法運送，需由營運單位前往協助時，則需另加計處理費，如區域位於「台北市內」訂為每次加計新臺幣150元整，處理區域位於「新北市內」訂為每次加計新臺幣350元整，如位於「其他區域」，租借者應自行處理車輛載運至台北市內，以利營運單位協助處理。

三、租用者應配合填寫收款證明書，以利營運單位後續寄送發票使用。

四、如鑰匙遺失時，該次租借時間之中止以該車輛送至服務中心之時間計算。

單車不見時該怎麼辦？ （轉載自YouBikeE官方網站www.youbike.com.tw）

一、請您立即電洽1999市民熱線轉YouBike公共自行車或撥打02-89785511（付費），請服務人員協助處理，本作業依據「臺北市公共自行車租賃系統

YouBike服務條款 4.使用服務及騎乘注意事項之規定管理之。

二、 公共自行車借出後，使用者應負保管之責。若使用者未妥善保管而致車輛遺失，應由使用者主動向警察單位報案；未報案時，營運單位將依照法律程序處理。。

三、 使用者報案後，如於一個月後仍無法尋獲車輛，應依照服務條款第四條賠償損失費用新臺幣9,000元整，尋獲之自行車所有權仍屬本公司。。

四、 如車輛遺失，該次租借時間之中止時間以報案三聯單之時間計算

You-bike 還車出現的錯誤號碼應對寶典

號碼	號碼訊息	如何處理
0	卡片感應失敗	重新感應，若仍失敗請換卡片。
1	卡片還沒註冊	這張卡片尚未註冊，可上網或到旁邊的自動服務機加入會員或註冊卡片(請注意，需傳手機簡訊輸入密碼)
2	此卡租車中	這張卡片已在租車中，若確定無在租車中，請等候2分鐘後再到其它停車柱刷卡租車。
3	補扣款項	前次還車付款失敗，因此此次借車前先補扣前次租車款項，補扣完畢後，再於停車柱感應刷卡租車。
4	卡片餘額不足	卡片餘額小於或等於零，無法租車，請先儲值。
5	錯卡還車	請用租車時的卡片還車。
6	扣款餘額不足	卡片內的金額不足以付清此次騎乘費用，於下次租車時將補扣款項。
7	卡片異常	請更換註冊成功卡片，若仍無法使用請洽原發卡單位。
8	其它	請至其它停車柱借車，若仍無法借車，請播打1999市民熱線，或02-89785511或02-89785084。
9	設備異常	
A	通訊異常	

Youbike達人榜

不到60點...

唉呀~真是太糟糕了……

60點~80點

呼~我盡力了

……

80點以上！

好棒喔，你真是厲害~

真的嗎？
那我要更努力！

哇~你真是高手中的高手，繼續朝專業達人邁進喔！

算一算，你的youbike經驗值有多高呢？

>>>

維也納慢慢玩
定價NT280元

世界音樂之都

本書特色

◆ 精心規畫私人漫步路線和著名處周邊景點，從繁華市中心到近郊遺世城鎮，深入只有在地人才知道的私房景點、名勝遺產、人氣店家！

◆ 附各區地圖、景點標示和店家資訊，方便參考查索！所有資料由作者親自採線與拜訪，最新最正確！

◆ 全書精美照片、插畫和手稿，並在書中附加旅遊資訊，從氣候到治安、從交通到住宿、從飲食到購物、從景點觀光到夜生活娛樂、從如何認路到如何退稅，再到遺失金錢證件如何應變，一應俱全，清楚明白！

Tour

BOOK 好書 推薦

西安洛陽慢慢玩
定價NT280元

本書特色

■ 西安，這是一座中國歷史上建都朝代最多的城市，從西周到唐朝，它經歷了十三個朝代的榮辱興衰，歷史給這座美麗的古都，留下了深深的回憶。

■ 洛陽，中國著名且多采多姿的城市之一，隨著時代的演進，不停地改變它的面貌和機能，由以前的政治中心、文化古城、經濟及商業重鎮，而演變成為現代的工業及交通要地。

Tour

旅遊雲 05

出　版　者／雲國際出版社
作　　　者／典馥眉,金城妹子
總　編　輯／張朝雄
封面設計／丁艾葳
排版美編／YangChwen
內文插畫／金城妹子
內文校對／李韻如
出版年度／2014年7月

Youbike 慢慢玩
（親子篇）

郵撥帳號／50017206 采舍國際有限公司
　　（郵撥購買，請另付一成郵資）
台灣出版中心
地址／新北市中和區中山路2段366巷10號10樓
北京出版中心
地址／北京市大興區棗園北首邑上城40號樓2單
　　元709室
電話／（02）2248-7896
傳真／（02）2248-7758

全球華文市場總代理／采舍國際
地址／新北市中和區中山路2段366巷10號3樓
電話／（02）8245-8786
傳真／（02）8245-8718

全系列書系特約展示／新絲路網路書店
地址／新北市中和區中山路2段366巷10號10
電話／（02）8245-9896
網址／www.silkbook.com

Youbike慢慢玩/典馥眉.金城妹子著. --
初版. -- 新北市：雲國際, 2014.07
面；　公分

ISBN 978-986-271-463-8 (平裝)

1.腳踏車旅行　2.親子　3.臺北市

733.9/101.6　　　　102026150